JN106406

初学者の建築講座

建築インテリア

佐藤　勉・山田俊之　著

市ケ谷出版社

はじめに

建築インテリアに「正解」はない！

この教科書は，**建築インテリア**を学ぶ学生に向けて，この分野を考える上で重要な基本的事項をまとめています。また将来，**建築インテリア**の仕事に就く上で必要となる職能や資格，物事に対する視点などについてもまとめています。

地球規模で進行する環境問題や頻発する大規模な自然災害，国家間紛争の影響による物資の高騰やコロナウィルスの世界的蔓延など，私たちのくらしに大きな影響を与える出来事が続いています。これまで当たり前のように捉えてきた，衣・食・住と人間の生活との関わりについて，その本質的な意義を根底から見つめ直す局面を迎えているのです。

建築インテリアの分野でも，くらし方や学び方，働き方や社会との関わり方などが，スマホなどの情報機器の活用を筆頭に，新しい世界に向けて一気に加速されたように見えます。その一方で，これまでに積み上げられてきた知識や技術の要点を整理し，大きく変化するこれからの時代に求められる**建築インテリア**の創造に備えることが求められます。

新しい時代に必要とされる建築インテリアのプロフェッショナルを目指すためには，以下の「３つの力」を身につけることが大切と考えます。

1） **気が付く力**：ある「空間」の良いところと悪いところに気が付き，その根本的な原因や理由を見極められる力。
2） **継続する力**：良い空間を実現するために，物事を「時間」をかけて根気よく推し進め，その根拠を論理的に説明できる力。
3） **人を想う力**：良質なくらしと社会を構成する「**人間**」に対してとるべき心構えの基本を理解し，明快かつ丁寧にそれを説得できる力。

建築インテリアに「正解」はありません。求められる環境や人が変われば，その解も異なるからです。しかし，人のくらしの最も近くにある分野であるからこそ，多くの「優れた解答」を身近な場所に実現させることで，世の中を少しずつ良いものに変えていくことができるのです。性別や年齢，文系・理系などを問わず，**建築インテリア**の分野で活躍するたくさんの人々が，ますます求められています。

2023年２月

佐藤　勉

本書の使い方

この教科書は大学や専門学校の授業で使用されることを想定し，15の章で構成されています。1回の授業で一つの章の内容について学ぶことで，その分野を学ぶ上で重要と思われる基本的な事項に一通り触れることができます。

1） 各章の扉ページについて

各章の扉にはその章に関係するイラスト，リード文と「この章で学ぶ主なこと」を記載しています。授業前日までの予習として，または本論に入る前に，これらのイラストや文章からこの章で学ぶ内容に関わることについてイメージし，日常のくらしや身のまわりの空間について考えるところから授業を始めてもよいでしょう。

日頃から気になっているモノや空間にまつわる事項について，自由に思いを巡らし，言葉にすることで，各章で取り扱う分野をより身近に感じ，学びを深めるきっかけとなります。

2） 本文の構成について

建築インテリアの分野は言葉だけでなく，実例を通して学ぶことが不可欠です。限られた授業時間の中で想像力を働かせ，より豊かに学ぶためにも，それぞれの章の内容に関連する具体的で魅力的な事例を取り上げ，積極的に活用することが求められます。

各章は３～５つほどの節に分かれています。それぞれについて関連するイラストや事例を入れています。また，一部の図版は口絵にカラーで掲載されています。掲載されている事例等については，関連するサイトや動画，図版などをWeb検索し，授業の中で併用して紹介することで，その内容をより深く掘り下げ，理解をさらに進めることができます。

3） NOTEや余白の活用について

直接手を動かして書く（描く）ことで，より学びを深められるように，各ページの「NOTE」やページ回りの余白を活用してください。気づいたことや印象に残ったことは，教科書に直接書き込んだりアンダーラインを引いたりして構いません。

後で読み返した時にその時の想いを振り返り，新たな学びの興味へと展開させることができるでしょう。

節が替わるタイミングなどで，授業の中で学生に数分間の時間と問いを与え，２～４名程度の小人数によるグループ・ディスカッションを行い，その成果を全体へ発表させる機会をもつことで，一つの問いに対する回答の広がりや奥行きを共有できます。

4）worksheet の活用について

各章の末尾に worksheet を設けています。**worksheet（作業シート）**は各章で扱う内容と関連する事項について，その場で考え，実践できる内容としています。授業の最後に時間を与えるか，授業後の復習として出題し，学生が集中して考えや構想をまとめることで，その日の授業の要点を振り返ることができるようになっています。前項に記したグループ・ディスカッションなどのアクティブラーニングにも利用できます。

5）インテリアコーディネーターおよびインテリアプランナー資格試験について

インテリアコーディネーターおよびインテリアプランナー資格試験問題によく取り上げられる事項のうち，その章の内容に関連する問題を exercise（演習問題）として各章末に選定・掲載しました。実際の試験は短時間で多くの設問の回答を求められますが，ここではその肩慣らしとして選択式の単問とし，解説を付しています。各節ごとの関連する内容に沿って設問を活用するとよいでしょう。

建築インテリア（初版）

目　次

第3章 インテリア空間と構成

第4章 インテリアと身体

第5章 インテリアと光・色

第6章 インテリアと空気・熱・音

第7章 インテリアと設備

第8章 インテリアと構造

第9章　インテリアの構法・工法と建具

第10章　インテリアの素材と仕上げ

第11章　インテリアと法律

第12章　インテリアのエレメント

第13章　インテリアの再生

第14章 インテリアと社会

第15章 インテリアのこれから

口　絵

第１章　インテリアの目的

どのようにして良いインテリア空間をつくるのか　本文 p.6-7

口絵①　オルセー美術館のインテリア

第２章　インテリアの仕事と資格

広がるインテリアの仕事　JR 西日本 TWILIGHT EXPRESS 瑞風　本文 p.10

口絵②　外観　ⓒ Takashi Karaki

口絵③　ラウンジカーSALON DE L'OVEST
内部インテリア

口絵④　展望車（10号車）内部インテリア

第３章　インテリアの空間と構成

デザインの造形原理　本文 p.20-21

口絵⑤　シンメトリー・強調の例
サマービルの家　A. N. サントス　2006

口絵⑥　調和の例
芸術愛好家の家　C. R. マッキントッシュ　1996

口絵⑦　リズムの例
桜時（さくらどき）　佐藤勉　2013

口絵⑧　ヴェルサイユ宮殿　鏡の間

口絵⑨　桂離宮　松琴亭の内観

口絵⑩　スケールの例
武雄市図書館　スタジオアキリ＋CCC，佐藤総合計画　2013改修

第５章　インテリアと光・色

色環境　本文 p. 42

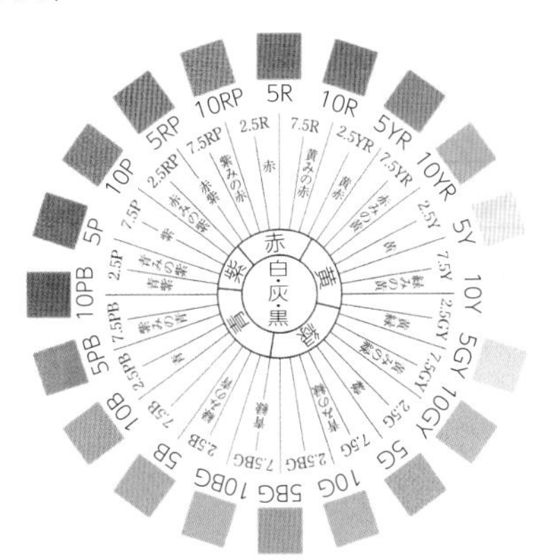

口絵⑪　マンセル色相環
マンセル表色系では40ヒューによる表示が一般的である。

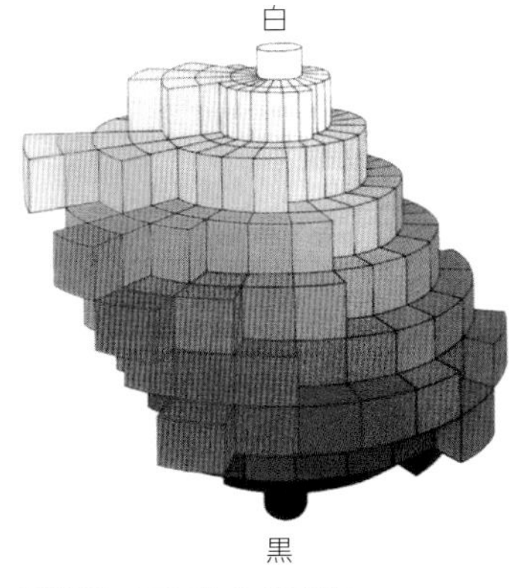

口絵⑫　マンセル色立体
垂直軸にバリューが，円周方向にヒューが，軸から遠ざかる方向にクロマを配置されている。

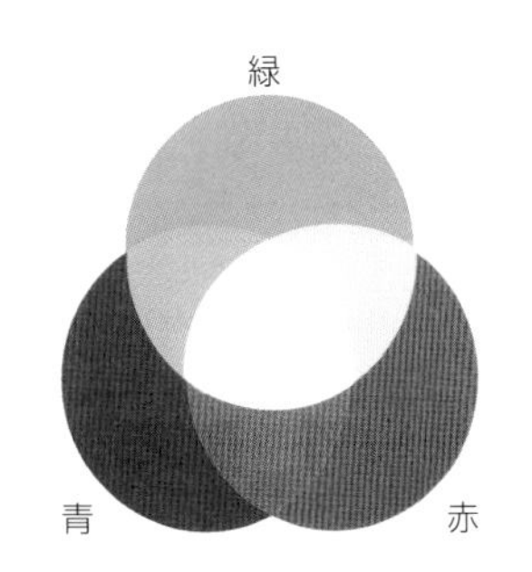

口絵⑬　加法混色
加法混色の三原色は，赤，青，緑であり，三原色を混色すると白となる。カラーテレビでの色の再現に応用されている。

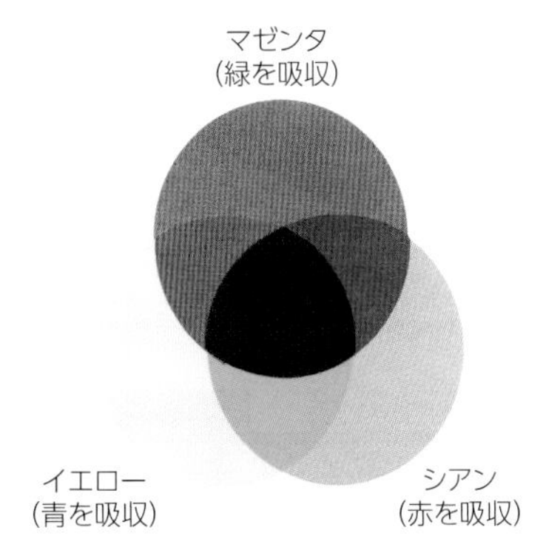

口絵⑭　減法混色
減法混色の三原色は，シアン，マゼンタ，イエローであり，三原色を混色すると黒となる。カラープリンタでの色の再現に応用されている。

第6章　インテリアと空気・熱・音

空気の質と動きをみる　本文 p.50

口絵⑮　MR による気流の可視化

口絵⑯　MR による粒子の可視化

サーマルカメラの画像比較　本文 p.52

サーモグラフィーで表面温度を測定
直射日光が良く当たる外壁面の温度が高いことが視覚的に分かる。

口絵⑰　サーマルカメラ画像比較

第７章　インテリアと設備

THE TOKYO TOILET　本文 p.63

代々木深町小公園トイレ

口絵⑱　使用前

口絵⑲　使用中

恵比寿公園トイレ

口絵⑳　日昼の様子

口絵㉑　夜間の様子

第10章　インテリアの素材と仕上げ

木質系材料　本文 p.87

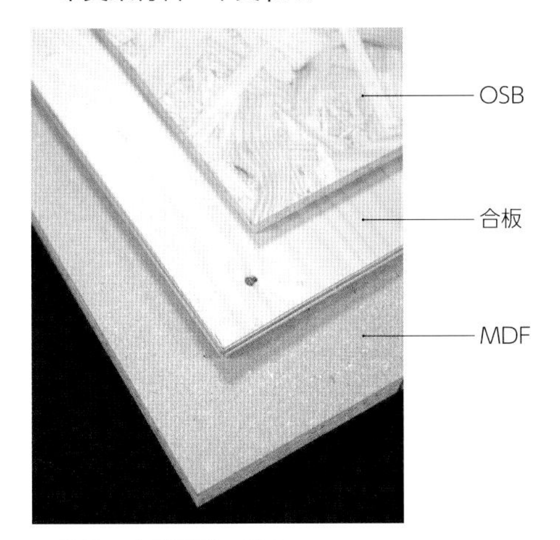

口絵㉒　木質材料の例１
上から，OSB，合板，MDF

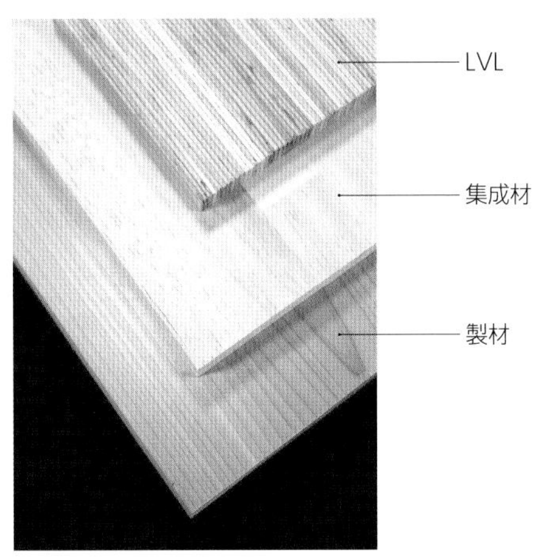

口絵㉓　木質材料の例２
上から，LVL，集成材，製材

第12章　インテリアのエレメント

衣服のように空間を包み込むテキスタイル　本文 p. 110

口絵㉔　シェイク・ザイード・グランドモスク　内観　2007

第15章　インテリアのこれから

ソラトカゼト 西新井　本文 p. 139

口絵㉕　ソラトカゼト 西新井　建物全景

口絵㉖　ソラトカゼト 西新井　1階外観

口絵㉗　1階ベーカリーカフェ内観

第1章

インテリアの目的

インテリアの仕事の目的は，
「質」の高いインテリアを考え，提供することです。
それでは「質」の高いインテリアとは，どのようなものでしょうか。

では「質」の高い料理とは何か，について考えてみましょう。
例えばお寿司の「質」は，何によって決まるのでしょうか。

◇この章で学ぶ主なこと◇

1　何のためにインテリアをデザインするのか
2　「質」の高いインテリアとは何か
3　どのようにして良いインテリア空間をつくるのか

1・1　何のためにインテリアをデザインするのか

1・1・1　身近なインテリアから学ぶ

あなたの回りにある身近なインテリアを，あらためてよく観察し分析してみよう。

床，壁，天井，窓，家具，照明器具などの要素はどのような形や素材でできているだろうか。それらの要素はどのように仕上げられ，組み合わされているだろうか。

次にインテリアを含めた空間そのものに注目してみよう。部屋全体の光や色，空気の質，温度や湿度は快適だろうか。部屋の中で聞こえる音や，においについてはどうだろうか。床や壁，家具などの要素に手や足で触れた感じはどうだろうか。

日頃から五感を研ぎ澄ませ，身近な空間を観察することでインテリアを豊かに発想するための引き出しを増やしていくことができるだろう。

図1・1　建築の内側を考えるのが，インテリアデザイン

worksheet 01　**身のまわりのインテリアを観察し，分析してみよう。**

今いる部屋のインテリアをよく観察し，その良い点と悪い点をできるだけ具体的にあげてみよう。次に，それらを今より良くする方法や改善する方法を具体的に考え，言葉やスケッチで表現してみよう。

良い点とその理由：	悪い点とその理由：

1・1・2　建築とインテリアデザインの関係

建築とは建物の外側の殻をつくる行為をいい，インテリアデザインとは，その殻の内側をつくる行為をいう。

建築は外側の殻をつくる際に内側の状態や使われ方，つまり人間の生活を考える必要がある。したがって建築をつくる人にはインテリアデザインの知識が不可欠となる。

一方でインテリアデザインは殻の内側をつくる際に外側の仕組みや作られ方について知っている必要がある。したがってインテリアデザインには建築の知識が必要となる。

建築とインテリアデザインは，ニワトリとタマゴの関係のように切っても切れない関係にあり互いに密接に関連している。建物に対する視点が異なるだけでさまざまな分野において共通の知識が必要とされる。

そのため，両方の視点から建物と空間に対する学びを深めることで，これからの時代にふさわしい建築とインテリアの理想的な関係を構想し，実現に向かうことができる。

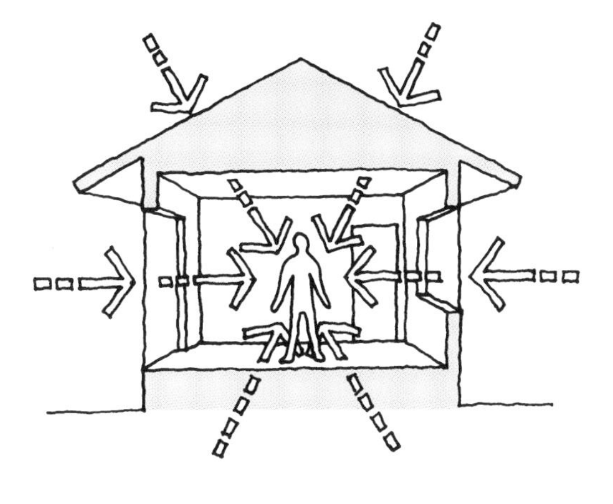

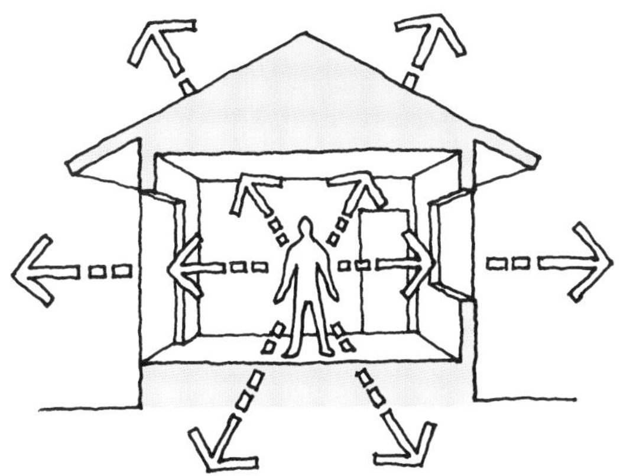

図1・2　建築からインテリアへ，インテリアから建築へ

1・1・3　インテリアデザインの目的

一般にインテリア空間に求められるのは，例えば以下のようなことである。

- 居心地が良いこと
- 使い勝手が良いこと
- 見た目が美しいこと
- 使い続けやすいこと
- 自分の生き方にあっていること

図1・3　建築とインテリアデザインの理想的な関係は？

インテリアデザインとは，利用する人々へ質の高い空間や場所を提供することであり，人々にとって快適に過ごせる空間を構想し，実現させる仕事ということができるだろう。

1・2 「質」の高いインテリアとは何か

1・2・1 「質」の高さとは？

インテリアの目的は，「質」の高い空間を考え，提供することである。では「質」の高いインテリアとはどのようなものだろうか。

「質」という言葉を辞書で引くと，

① ものの中身（実質，本質，品質，質量など）
② 内面に備えているもの（性質，素質，質感など）
③ 備えているものそのままで飾りがないこと（質実，質素，上質など）

とある。

では「質」の高さとは何か，料理と結びつけて考えてみよう。例えばお寿司の「質」の高さは，何によって決まるのだろうか。

まずは食材の良さが挙げられる。鮮度の良い魚を仕入れ，適切な下ごしらえを施し，ふっくらと炊き上げたご飯の状態も大切である。

次にお寿司を握る職人の優れた腕も必要である。職人の洗練された手の動きと，手入れされて使い慣れた包丁などの道具を使うことで見た目にも美しい寿司が手際よく生まれる。

最後にお寿司をどのような順序で提供するかの考え方も欠かせない。旬のネタを織り交ぜお客の表情を観察し，適切なタイミングで提供していく。

以上のことから質の高い料理を作るには，以下の3つの要素のバランスを考えることが大切だと考えられる。

1）食材の良さ→「素材」(material)
2）職人の優れた腕→「技術」(technology)
3）提供する順序の適切さ→「時間」(time)

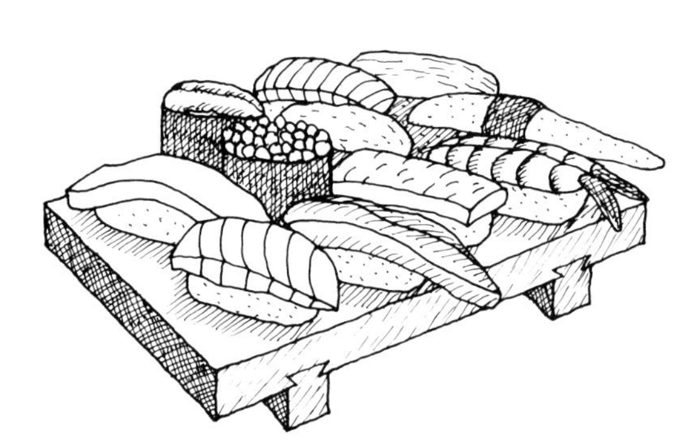

図1・4　質の高い料理の要点は？

【NOTE】

1・2・2 質の高い「素材＋技術＋時間」

質の高い「素材」「技術」「時間」は，質の高いインテリアデザインができ上がるプロセスに置き換えることができる。

(1)「素材」

インテリアデザインでは空間の用途や使用目的に合わせて「素材」を選ぶことが大切である。素材の強度や耐久性，見栄えなどの特徴を見極めること，コストに見合った素材を選択することも必要である。また，完成した空間の中に配置する家具や調度品を適切に選定し配置することも，良質な「素材」を見立てる行為に相当するだろう。

図1・5 素材

(2)「技術」

インテリアデザインにおいて質の高い「技術」は広い領域に及ぶ。さまざまな材料の適切な加工によって最適な状態に組み合わせることや，空間に相応しい素材の仕上げ方法を選択することがこれに相当する。また，工事現場の進捗状況を確認し，適切な判断を行うことも高い「技術」に当たるだろう。

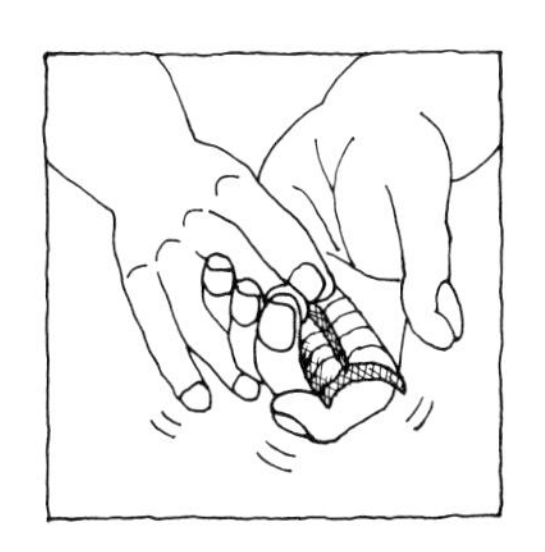

図1・6 技術

(3)「時間」

インテリアにとって質の高い「時間」をつくり上げる要素とは何か。インテリアや建築は複数の時間軸にかかわっていて，朝・昼・夜などの短い「時間」から春夏秋冬などの季節的時間，人の成長や環境に伴う時間軸があり，状況に合わせた最適さを想定したインテリアをデザインすることが求められる。

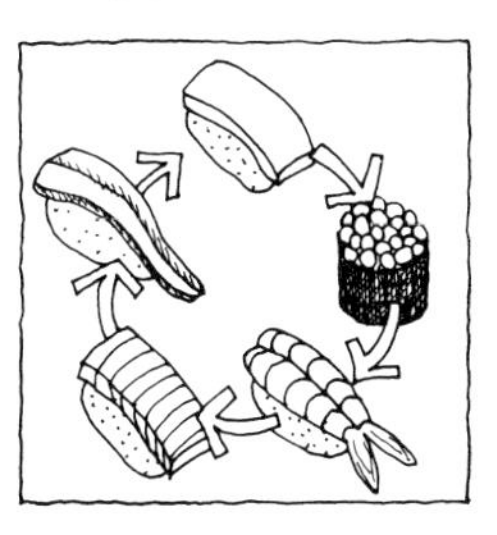

図1・7 時間

1・2・3 インテリアに「センス」は必要か？

センスの良いインテリア空間を手に入れることは誰もが憧れる。インテリアを「コーディネート」する行為は，ファッション由来のものである。ファッションと同様にインテリアにもさまざまな「スタイル」がある。

ではインテリアデザインの仕事に「センス」は必要だろうか。この問いへの答えは，この分野にどのようにかかわるかによって少し変わる。

インテリアデザインには，建築や他のデザインと同様に共通する「セオリー」（theory＝論，理論）がある。例えばシンメトリー，対比，反復といった造形上の理論や，動線計画，環境計画といった建築学上の理論など，多くの事項がインテリアデザインにも当てはまる。

さらにさまざまな「ルール」（rule＝規則・法則）があり，動きやすさ，使い勝手の良さ，心理的な落ち着きなどを実現するための経験上の法則や決まりごとがある。

初めから形や色などに対するセンスを備えていれば良いが，インテリアの基本的なセオリーやルールを学び，計画・設計することで多くのインテリアの仕事が成りたっている。また多くの仕事や空間体験を重ねることで，デザインセンスも自然と磨かれていくものである。

【NOTE】

1・3　どのようにして良いインテリア空間をつくるのか

1・3・1　良いインテリア空間をつくるには

良いインテリア空間は人に快適さを与え，豊かな精神をはぐくむ。また，人々が集まる空間においては，人々の心を一つにしたり，自由な創造性の発揮が可能な状態にする。これらは優れたインテリアがもたらす効果であるといえる。

どのような建物や空間でも具体的な用途が決められており，用途が十分に満たされた建物や空間は利用する人にとっても目的が達成される。

一方で，その建物や空間が災害で被災した場合には安心して利用できなくなる可能性がある。そのため，建物を長期間にわたって安全な状態を維持し続けるためにもしっかりとした殻としての建物であることが大前提となる。

しかし用途を十分に満たし，かつ安全な状態を維持し続けることだけでは，良いインテリア空間とはいえないことは明らかである。良いインテリアを実現するためには，ほかにどのような視点が必要だろうか。

1・3・2　「用・強・美」とインテリアデザイン

「用・強・美」（よう・きょう・び）とは，ローマ時代の建築家ウィトルウィウスによる最古の建築理論書「建築十書」で提唱された，建築に必要な３大要素のことである。

（1）「用」

「用」とは機能性や快適性のことで，暮らすための基本的な行為を不自由なく行えることである。例えば，食べる，学ぶ，働く，遊ぶ，くつろぐ，寝る，しまう，飾る，清める，といった基本行為を効率よく行えることは，建築計画学を踏まえたインテリアデザインの根本にある必要条件といえるだろう。また，電気や空調などの設備は快適な空間を考える上で現代生活には不可欠である。

（2）「強」

「強」とは耐久性や持続可能性のことで，安全に暮らすために外界の気象条件や自然の脅威（地震，台風，大雨，強風，大雪…など），他者や外敵などから人間の生命，家族，財産，プライバシーを守ること，護られていることである。これは建物をシェルター※として強固に作ることをまとめた建築構造学に位置付けられる。安全で安心して暮らすために，建物内部の耐久性を考える上でも必要な知識であるだけでなく，インテリアから構造のあり方を考えて提案することも，デザイン上重要な視点の一つとなる。

※シェルター＝避難所，避難小屋，住まい，宿などのこと。食・衣・住のことを英語で food,clothing and shelter という。

（3）「美」

美しいものに触れることは，人々の暮らしに豊かさと潤いを与え，生きる活力を与えてくれる。美味しいものを食べたり，気に入った靴を履いたりすることと同じように，美しいモノや空間に囲まれて暮らすことは，住生活の基本ともいえるだろう。

「美」とは何か。辞書には以下のように記されている。

① うつくしいこと。美人，優美，曲線美
② よいこと，立派なこと。有終の美を飾る，美化，美徳
③ 味がよいこと。美味，美食家

④　ほめること。美称，賛美，賞美
⑤　知覚・感覚・情感を刺激して内的快感をひきおこすもの。→喜び，幸福感，充足感…

「快」が生理的・個人的・偶然的・主観的であるのに対して，「美」は個人的利害関心から一応解放され，より普遍的・必然的・客観的・社会的である。（出典：広辞苑）

「美」は個人の内面の表現であり，日常のさまざまな行為に対して個人の内面が表現されることで，そこから普遍的な「美」が生まれる。「美」は「用」や「強」とは異なり，個性的なものほど普遍的である。

1・3・3　変わりゆくインテリアデザインの目的

めまぐるしく変化する現代の社会の中で，良いインテリアデザインを考えるために，これまでの考えとは違った視点が求められるようになった。建築と同じく，世界中から大量の資源や材料を集めて建設し完成すると大量のエネルギーを消費し，用が済んだらそれを大量に廃棄するインテリア空間の在り方は，もはや地球環境の問題と切り離して考えることはできない。

また，少子高齢化問題やジェンダーフリーな社会の実現といった課題は，人間と密接にかかわるインテリアの領域であるからこそ新しいデザインの切り口やコンセプトが切望されるようになった。

「用・強・美」の基本は踏まえつつ，より広い地球環境規模の視点に立って，これからのインテリアデザインのあるべき姿を考えるときが既に到来している。

図1・8　オルセー美術館のインテリア

【NOTE】

第1章
exercise

〈インテリア要素の選定とアドバイス〉

【問題1】 70代の男性に対し，古くなったコイルスプリングマットレスを買い替えるにあたり，[　　　]ウレタンフォームのマットレスを勧めた。

1．堅い
2．堅すぎず柔らかい
3．できるだけ柔らかな

〈高齢者に配慮したインテリア計画〉

【問題2】 高齢者のための住宅を考えるときには，高齢者がつまづいたり，よろけたりした場合に手すりや手がかりになる[　　　]があるなど，場所に応じた適切な空間計画が大事である。

1．家具
2．ドア
3．界壁

《解説》

【問題1】 高齢者にとって柔らかすぎるウレタンフォームマットレスの使用は，コイルスプリングからの買い替えであることから考えても不適当である。柔らかすぎると寝返りがしづらくなるなど体力消耗にもつながり，良質な睡眠の妨げとなる。

【問題2】 安全を考慮した家具の配置は有効である。ドアは固定できないので危険である。界壁は共同住宅などの境の壁のことをいう。

《解答》

【問題1】 2　　【問題2】 1

第2章

インテリアの仕事と資格

インテリアデザインの仕事は，さまざまな建物から乗り物まで，
くらしのあらゆる領域に広がっています。
一方で現代におけるデザインはさまざまな分野に細分化され，
専門化されています。

そうした分野を統合・整理し，建築家と協力して
生活者の目線で空間をまとめ上げることが，
インテリアデザインの専門家として求められています。

◇この章で学ぶ主なこと◇

1　多様化するインテリアの仕事と職種の広がりを知る

2　インテリアデザインの仕事はどのように進められるか

3　インテリアにかかわるさまざまな資格の違いを知る

2・1　多様化するインテリアの仕事と業種の広がりを知る

2・1・1　広がるインテリアの仕事

JR 西日本が運行する寝台鉄道「TWILIGHT EXPRESS 瑞風（みずかぜ）」は，「美しい日本をホテルが走る。～上質さの中に懐かしさを～」のコンセプトを基に，洗練された上質さと心休まる懐かしさを感じる「ノスタルジック・モダン」のテイストにまとめ上げたデザインが特徴である。寝台列車のイメージは，寝る間も惜しむためのものからゆっくりと旅を味わうことに大きく変わってきた。アール・デコ調のインテリアをベースに，沿線の地域の魅力を感じられる厳選されたマテリアルやアートを散りばめている。松江，出雲，宮島など日本の原風景ともいえる車窓からの美しい眺めと合わせて特別な鉄道の旅を提供している。

このようにインテリアデザインの仕事はさまざまな建物から乗り物まで，くらしのあらゆる領域に広がっている。（口絵参照）

2・1・2　インテリアデザイン職能の始まり

インテリアデザイナーという職能が社会的に認められたのは，一説では，1930年代の米国の不況時に仕事を失った建築家が室内の改装やそのデザインを行ったことに始まる，といわれている。

ヨーロッパでは古くから室内装飾家という職人がおり，建築家の構成した内部空間を石工，塗装，木工，金工，染織などの仕上げ職人をまとめるのがその仕事であった。これらは貴族の邸宅や宮殿，教会堂といった権力者のためのものがほとんどであった。

18世紀後半の産業革命により，家具などの生活用品の機械生産も始まった。それまで職人の

ⓒ Takashi Karaki

図 2・1　JR 西日本 TWILIGHT EXPRESS 瑞風

デザイン統括：浦　一也デザイン研究室（浦　一也）

インテリアデザイン：浦　一也デザイン研究室（浦　一也），株式会社日建スペースデザイン

受賞：2017年グッドデザイン賞ベスト100，2017年空間デザイン賞入選

手によってつくられてきた生産過程は，機械生産になると企画と設計を行うデザイナーと制作を行うエンジニア（技術者）に分業化された。そして世界的な大量生産・大量消費の時代の幕開けと共にデザインの重要性が認識されていった。

現代におけるデザインはさまざまな分野に細分化され，専門化されている。しかし，そうした分野を統合・整理し，建築家と協力して生活者の目線で空間をまとめ上げることがインテリアデザインの専門家として求められている職能といえるだろう。

2・1・3　インテリアデザインがかかわる領域と業種

インテリアデザインは，主として4つの空間領域にかかわっている。

A）住居空間：
戸建住宅，集合住宅（アパート，マンション），寮，ホテルの宿泊室など。

B）商業空間：
店舗，商業施設，レストラン，カフェ，オフィスなど。

C）公共空間：
学校，病院，図書館，ミュージアム，劇場，役所，駅舎，旅客ターミナルなど。

D）移動空間：
自動車，鉄道，船舶，旅客機など。

対象とする空間によって，利用目的や条件は変わる。例えば住居空間は特定の利用者に限定されるのに対し，商業・公共空間は不特定多数の利用者を対象とする。それにより，デザインの考え方や構成要素，使用する素材や仕上げ，デザインにかかわる法規制なども異なる。

またインテリアデザインはさまざまなモノのデザインや販売，コーディネート業務などにもかかわっている。

◆**家具デザイン**：椅子・ソファ・テーブル・ベッド・収納・造作家具など。

◆**テキスタイル・デザイン**：カーテン，カーペット，スクリーンなど。

◆**照明デザイン**：照明計画，照明器具のデザインなど。

◆**インテリア・エレメント**：システムキッチン，設備機器，壁装材，床材などの建材，食器，家電，雑貨など。

◆**サインデザイン**：商業・公共空間における案内・誘導のための，標識や看板など。

◆**アートワーク**：空間を彩るための壁面装飾やオブジェなど。

インテリアにかかわる業種は，大きく分けて以下の4つがある。

1）**製造業**：インテリアの要素や製品を製造する業種。家具，テキスタイル，設備機器などのメーカーなど。

2）**卸業・小売業**：インテリアの要素や製品を販売する業種。百貨店，インテリアショップ，ホームセンターなど。

3）**建設業**：住宅や商業施設などのインテリアの施工と維持管理に関する業種。総合建設業（ゼネコン），ハウスメーカー，工務店など。

4）**サービス業**：インテリア空間やインテリア要素を企画・設計・デザインする業種。設計事務所，デザイン事務所，フリーランスデザイナーなど。

【NOTE】

2・1・4　働き方の変革による効率化と創造性

近年の世界的な新型コロナウィルス感染拡大による影響で，室内で健康かつ快適に暮らし，働くことの大切さがあらためて見直されている。

インテリア関連業界の働き方においても，大きな変化がある。もともと建築をはじめとする設計業界はリモートワークとの親和性が高い業界といわれている。図面をはじめとする設計図書の作成は，建築・インテリアにおける設計技術革新，特にBIM（ビム）を代表とするデジタル化の促進を筆頭に急速に変化している。また建設途中の現場にリアルに立ち会うだけでなく，遠隔方式によりバーチャルで監理する方法も活用されており，効率化や合理化が図られている。

働き方の改善は，インテリアデザインにかかわる人々の「生活の質」（QOL＝Quality of Life）の見直しにもつながる。その結果として，より豊かでクリエイティブな生活の場としてのインテリアデザインの創出に向かうことが期待されている。

■ BIM：ビルディング インフォメーション モデリングの略称。コンピューター上に作成した３次元の建物のデジタルモデルに，コストや仕上げ，管理情報などの属性データを追加した建築物のデータベースを，建築・インテリアの設計，施工から維持管理までのあらゆる工程で情報活用を行う。

■worksheet 02　**インテリアのプロフェッショナルを目指すために必要な「３つの力」について考えてみよう。**

1）気づく力：普段過ごしているインテリア「空間」の良いところと悪いところを挙げ，その理由を説明する。

2）継続する力：インテリアをデザインする際に配慮すべき「時間」の例を複数挙げ，その理由を説明する。

3）人を想う力：インテリアの仕事において，「人間」に対してとるべき基本的な心構えについて述べ，その理由を説明する。

2・2　インテリアデザインの仕事はどのように進められるか

2・2・1　インテリア計画のプロセスを知る

設計者／デザイナーは，施主（せしゅ＝クライアント依頼主）と施工者の間に立ち，両者の仲介をする。（図２・２）

インテリア計画の流れ（設計者の立場からみた計画プロセス）は建築工事の流れと基本的に同じである。

> ① 企画・基本計画→② 基本設計→③ 実施設計→④ 現場監理（施工）→⑤ 維持管理

一般に住宅よりも商業施設の方が，工事が早く進行する。

2・2・2　インテリア計画と設計の進め方

インテリアの計画と設計は，

①企画・基本計画

②基本設計

③実施設計

の順に進む。各ステージを経て計画がより具体的で詳細な内容となっていく。

① 企画・基本計画「インテリア計画の方針を決める」

設計者はインテリア空間などの企画／プログラムの策定や企業ブランディングなど，ハードだけでなくソ

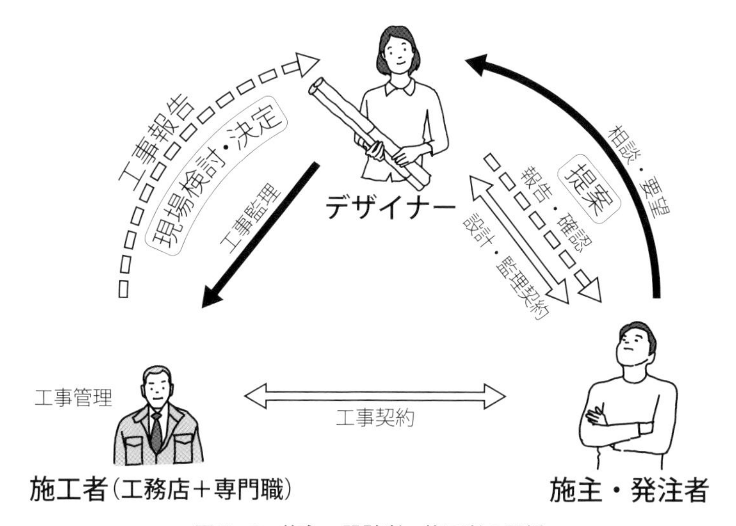

図２・２　施主・設計者・施工者の関係

図２・３　インテリア計画の流れ（設計者の立場からみた計画プロセス）

フト部分から計画に参加することが重要な時代となった。ヒアリングでは施主の要望や条件を把握し，整理する。チェックリストを準備し，施主および関係者の話をよく理解し，計画の方針を考える。ここでは施主の希望を引き出す力，聞く力，対話力といった人間力が求められる。

・現場調査，情報収集：法規制の調査，現場，既存建物や家具等の実測，周辺環境の分析など。

・基本計画：基本的な方針をまとめ，施主との合意を得て設計契約を行い，設計をスタートする。

② **基本設計**「基本的な考えをまとめる」

・エスキース設計：施主と設計者で互いに合意した内容をもとに基本的な図面を描く。

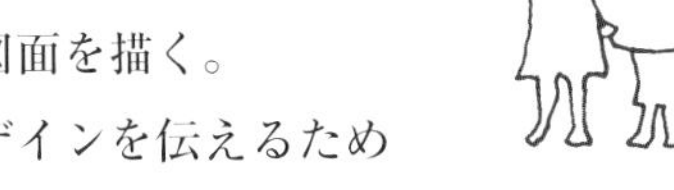

→図面はデザインを伝えるための基本となる「ことば」のようなものである。

・パース／模型制作：施主と施工者に計画の意図を伝えるためには，空間を立体的に表現するパースや模型は必須である。

・プレゼンテーション：計画内容を図面や模型にまとめ，依頼主に説明，確認する。

・概算見積：「概算見積書」＝計画のおおまかなコスト（概算）を把握し，施主と合意する。

③ **実施設計**「設計の詳細を固める」

・詳細設計：基本設計の内容をもとに，工事の見積りに必要な図面（設計図書）を作成する。

建設コストやさまざまな条件を考慮し，施主や施工者と打ち合わせを重ねながらインテリアの詳細（壁紙の色・カーテンの種類・家具の仕様等…）を具体的に決定する。

・CAD：パソコンで詳細な図面を効率よく作成する。施工者とは直接ファイルデータでのやりとりも行う。

・工事見積り・請負契約：施工者が作成する工事見積書を確認し，工事契約をサポートする。

2・2・3　インテリアの設計監理と維持管理

インテリアデザイナーの仕事は図面や模型を作成するだけではない。定期的に建設現場に出向き，設計の意図通りに空間がつくられているかを確認すること，完成した室内に設置する家具や備品などを選定し手配すること，また引渡し後の維持管理にも積極的にかかわり，空間の経年変化を見守ることまでが大事な仕事になる。

④ **現場監理**「図面通り施工されているかを確認する」

・現場監理：インテリアの施工現場が，デザインの意図通りに進められているかを，設計者が現場で確認する。

・施工管理：施工者による現場の進捗管理のことである。状況に応じて施工者は施工図を作成し，設計者がその内容を確認する。

・インテリアコーディネーション：家具や備品，調度品などの選定，納品，ディスプレイ作業などを行う。

・竣工写真撮影：施主への引き渡し図書用と設計者・施工者の記録用に，竣工時の写真撮影に立ち会う。

・検査，引き渡し：設計者や施主の立会いのもと，工事の段階ごとに各種の検査を行い，竣工検査を経て物件を引き渡す。

⑤ **維持管理**「完成後の空間を維持・更新する」

・定期検査：快適なインテリア空間を維持するためには，日頃の検査やメンテナンスが必要である。設計者は完成した後のデザインにも社会的な責任がある。

・リフォーム，リノベーション：インテリア空間の経年変化の状態に応じて，仕様や設備を変更・更新し，空間を再生する。

2・3 インテリアにかかわるさまざまな業種と資格を知る

2・3・1 インテリアデザイン業務の名称と呼称

インテリアデザインの仕事には，さまざまな名称・呼称がある。これらは主に携わるインテリア業務の分野や領域を表している。

◆インテリアデザイナー interior designer

→インテリアデザインに携わる職能の一般的な呼称。

◆インテリアアーキテクト interior architect

→インテリアデザインを総合的な職能と捉える，主に欧米で用いられる呼称。

◆インテリアデコレーター interior decorator

→主に住宅の室内装飾家として欧米では広く認知されている職能。

◆インテリアスタイリスト interior stylist

→モデルルームや雑誌撮影における室内装飾やコーディネートなどを主とする職能。

2・3・2 インテリアデザインにかかわる資格

◆インテリアコーディネーター interior coordinator

→主に住宅に関するインテリア製品のコーディネートを行う。インテリア産業協会の認定資格。

◆インテリアプランナー interior planner

→あらゆるインテリアの計画・設計・監理を行う。建築士の資格者は学科試験が免除となる。建築教育技術普及センターの認定資格。

◆インテリア設計士

→インテリアに関する計画・設計並びに生産・施工・監督技術を身に付けた技術者を育成。日本インテリア設計士協会の認定資格。

◆商業施設士

→店舗や商業施設の総合的な計画・設計・監理を行う。商業施設技術団体連合会の認定資格。

2・3・3 インテリアの周辺分野に関連する資格

インテリアに関連する資格としては，色彩に関するものとして色彩士検定やカラーコーディネーターなど，インテリア・エレメントに関するものとしてキッチンスペシャリスト，窓装飾プランナーなど，その他に医療と住環境に関する福祉住環境コーディネーター，マンションの維持管理に関するマンションリフォームマネージャー，照明デザインに関する照明コンサルタント，など数多くの資格がある。

資格試験の内容や実施時期などは各資格の主催団体ホームページで確認できる。

【NOTE】

第2章
exercise

〈クライアントへのインテリア表現〉

【問題1】 インテリアデザインの専門家同士で通常使用している[　　　]単位の寸法表現を一般生活者に用いるのはわかりづらい場合があるので，なるべくわかりやすい表現を用いるように心がけるべきである。

1．ミリメートル
2．センチメートル
3．メートル

〈インテリアの仕事範囲〉

【問題2】 飲食店を大規模に改装する場合，厨房スペースの設計が主となり，厨房設備機器の専門家の業務が主体となるので，インテリアの専門家が活躍できる分野は[　　　]。

1．ほとんどない
2．限られている
3．多々ある

《解説》

【問題1】 建築やインテリアの業界で使用する長さの単位は，通常ミリメートル（mm）であり，単位の表記を省略する場合も多い。

【問題2】 床・壁・天井の各素材の選定，家具・カーテン・照明，インテリア雑貨などインテリアエレメントの選定とコーディネートなど，客室部分を中心にインテリアの専門家ができる業務は多々ある。

《解答》

【問題1】 1　　【問題2】 3

第3章

インテリア空間と構成

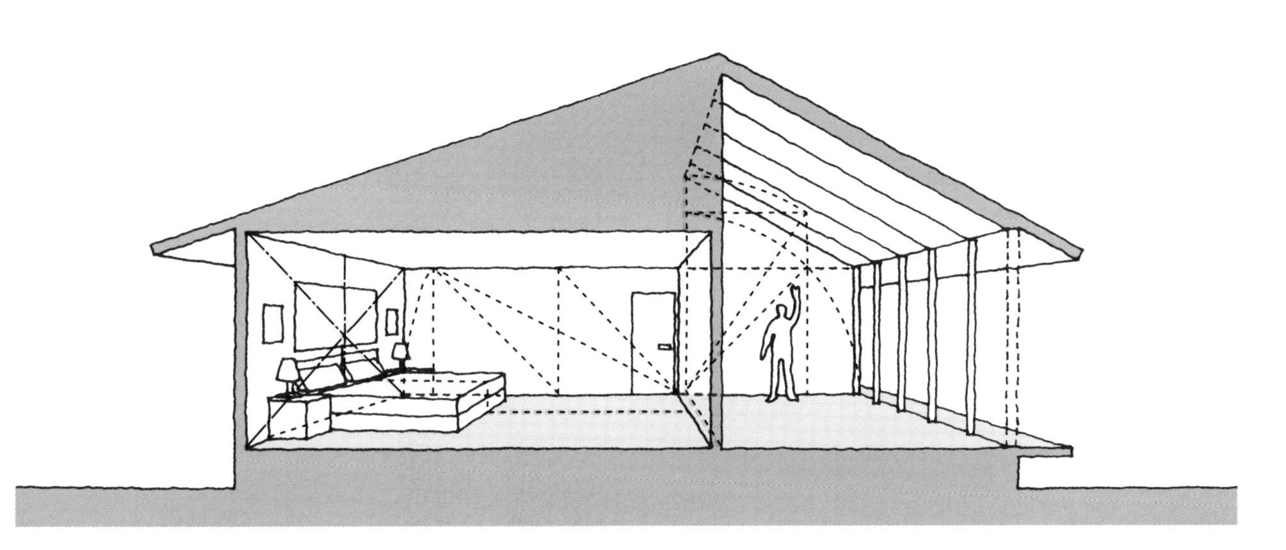

居心地の良いインテリア空間は，その形や光や音，温湿度などの
状態だけででき上がるものではありません。
空間を構成するさまざまな要素の色，質感，パターン，柔らかさや硬さ
などの組み合わせによってもたらせるものです。

ではこうした構成要素をどのようにして適切に選択し，組み合わせて
居心地の良いインテリアを作ることができるのでしょうか。

◇この章で学ぶ主なこと◇

1　インテリア空間は点・線・面・塊でできている
2　インテリア空間をデザインするための造形原理を知る
3　歴史的なインテリア空間からその構成を学ぶ

3・1　インテリア空間は点・線・面・塊でできている

3・1・1　居心地の良いインテリア空間とは

居心地の良いインテリアは，どのようにしてできるのだろうか。

① 何もない四角い部屋の中に，大きな窓が開いている。ここに寝転んでくつろぎたい…。
② 床に寝転んでみる。これではくつろぐ雰囲気がなく，落ち着かない…。
③ ソファを置いて寝転んでみる。最初よりマシだが，これだけでは今一つ…。
④ 壁の上と天井をなめらかにつなげて間接照明で照らしてみる。少し良くなったが，まだ何か物足りない…。私の求める情景って何だろう？
⑤ 壁に絵を飾る。好きな色のカーテンをかける。床にラグを敷きローテーブルを置く。お気に入りの観葉植物とランプスタンドを配置する。やっと自分の場所と思える空間ができた。ほっとする！

居心地の良いインテリア空間は，形や色だけででき上がるものではない。空間を構成するさまざまな要素の質感，パターン，柔らかさや硬さ，光や音，温湿度などの状態の組み合わせによってもたらせるものである。

ではこうした構成要素をどのように適切に選択し，組み合わせて居心地の良いインテリアを作ることができるのだろうか。

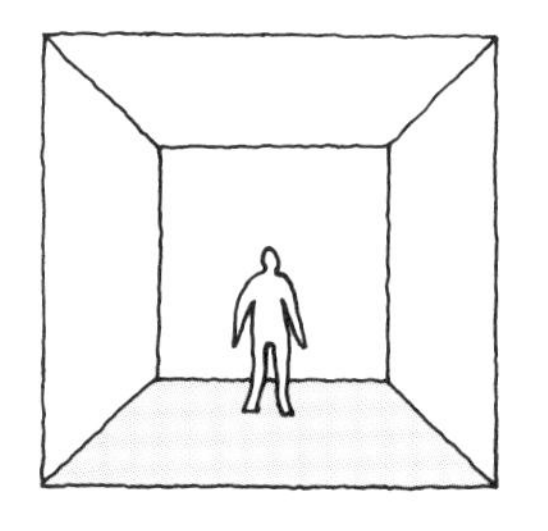
①寝転んでくつろぎたい

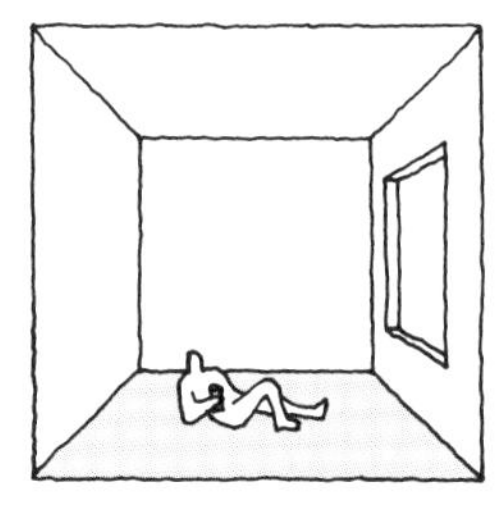
②何か落ち着かない

③これだけでは今一つ…

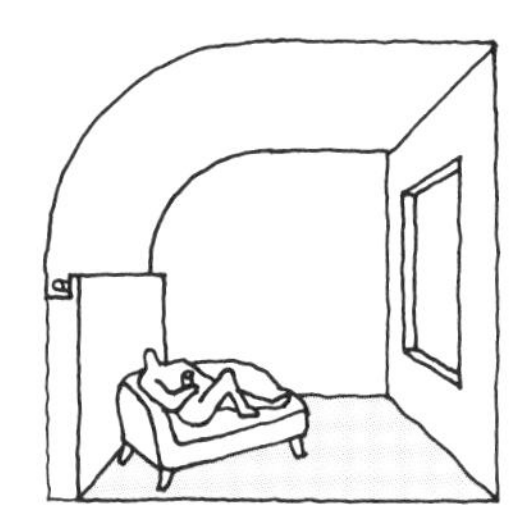
④まだ何か物足りない…

⑤やっと自分の場所と思える空間ができた。ほっとする！

図3・1　居心地の良いインテリア空間とは？

3・1・2　形の4つの構成要素

インテリア空間のデザインを考えるうえで，最も基本的な形の構成要素は，点・線・面・塊の4つである。多様で多彩なインテリアの要素は，すべてこの4つの要素で出来ている。

（1）点 point（0次元）

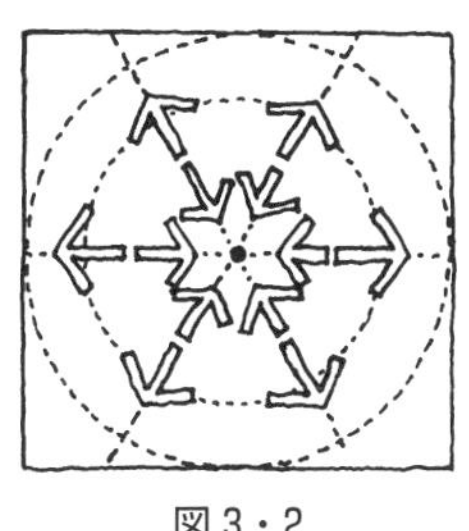

図3・2

点はすべての形の根源である。点は大きさや方向性をもたない。しかし求心性，遠心性，放射性をもつ。点と点をつなぐことで線が生まれる。またたくさんの点を並べ集めることで，線や面，塊を暗示することができる。

（2）線 line（1次元）

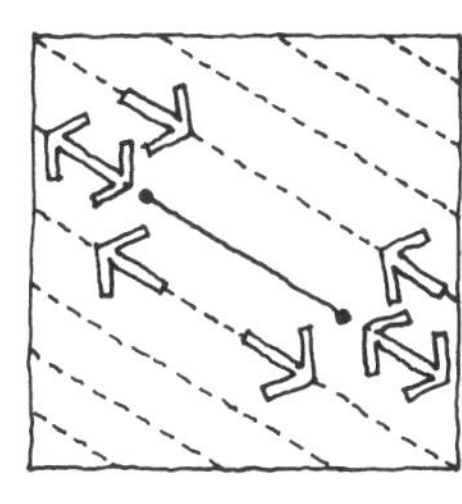

図3・3

水平線や地平線は自然界の中で直線の存在を強烈に印象づける。1本の線を引くことで空間が2つに分割される。また直線や曲線で囲むことで形が生まれ，線を組み合わせて正方形，長方形，三角形，多角形，円などの幾何形体を作る。

平行にたくさんの直線を引くことで，あるパターンをつくることができる。水平線は安定を，垂直線は平衡を，斜線はダイナミックな動きをもたらす。また空間の中に軸線を設定することで空間を律することができる。

（3）面 plane（2次元）

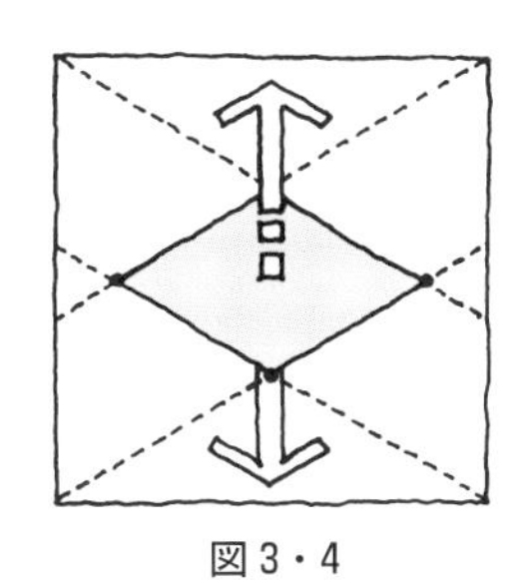

図3・4

線に囲われた領域に面が生まれる。面は床，壁，天井といった領域の広がりを規定する。平面は静的で単純，明快であるのに対して，曲面は動的で柔軟，変化に富んでいる。複数の面で空間を囲むことによって立体が生まれる。

（4）塊 volume（3次元）

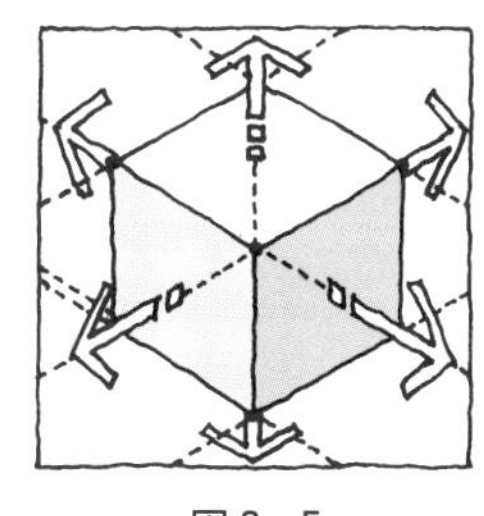

図3・5

塊は一般的には立体の中身が詰まったソリッド（固体）のことである。反対に立体の中身が空の状態はヴォイド（空隙）という。空間デザインとはヴォイドの塊をデザインすることといえる。

幾何学的な塊の形状は立方体，直方体，円柱，円錐，球などである。これらを分割・結合して複雑な塊がつくられる。

【NOTE】

3・2　インテリア空間をデザインするための造形原理を知る

3・2・1　デザインの造形原理とは

インテリアデザインは世の中にあるさまざまなデザイン分野の一つである。インテリア空間をデザインする際は，基本的なデザインの造形原理を知ることが大切である。デザイン造形原理とはあらゆるデザインに共通するもので，平面，立体，空間の造形におけるデザイン・ボキャブラリーとして知っておくべき基本事項である。

図3・6　シンメトリー・強調の例：サマービルの家　A. N. サントス　2006

3・2・2　デザインの造形原理の例

(1) シンメトリー symmetry（対称性）

一つの軸を中心にして左右または上下に形を対称させ，安定感や統一感，規則感をもたらす。それに対し，非対称は自由で動的な感覚をもたらす。床の間など多くの日本の美意識は，非対称性（アシンメトリー）の中に美的効果を見いだす手法に基づいている。（口絵参照）

図3・7　1. シンメトリー

(2) スケール scale

ある部分が他の部分や空間全体と適切な寸法の関係にあること。また人間の身体寸法と空間の要素や空間自体の寸法関係が適切であることをいう。【参照】 第4章「インテリアと身体」（口絵参照）

図3・8　2. スケール

(3) プロポーション proportion

部分と部分，部分と全体の間の寸法に一定の比率をもたらすことで，空間に視覚的な安定感や美的な調和を与えることをいう。

・黄金比／白銀比：黄金比はギリシャ時代から用いられ，ある高さや幅などの長さを1：1.618の比率で分割する状態が最も美しく均整のとれたものとしている。それに対して日本で古くから用いられた比率が白銀比で，1：1.414の比率をいう。

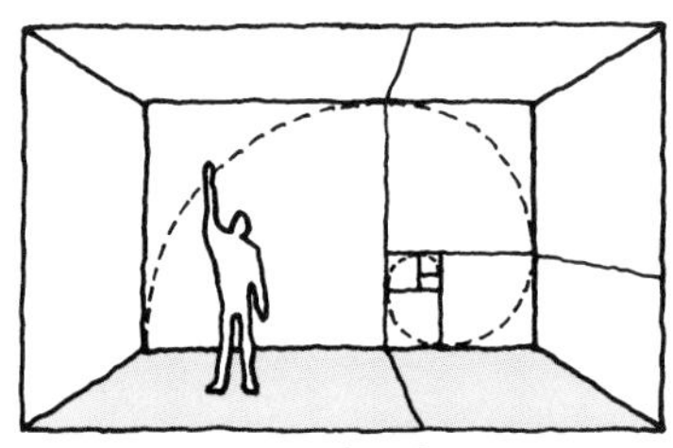

図3・9　3. プロポーション

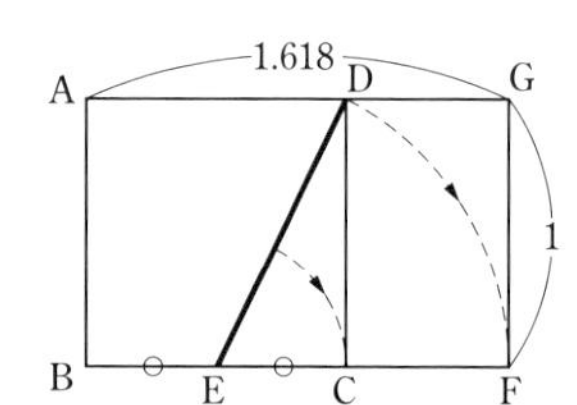

図3・10　黄金比（1:1.618）

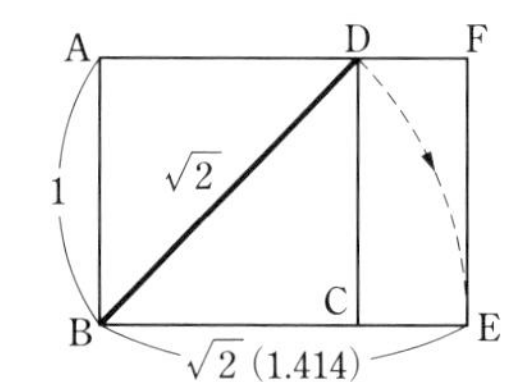

図3・11　白銀比(1:1.414)

(4) 調和 harmony

形や質感が類似する要素を組み合わせて，部分と部分や部分と全体を関連させることで，安定感を得ることをいう。またその反対に，はっきりと違う要素を対比させることによって，互いに引き立てあうことで得られる調和もある。(口絵参照)

(5) リズム rhythm (律動性)

ある要素を一定の間隔で規則的に配置させることで生じる動的で統一感のある感覚をいう。同じ形を繰り返す（反復）だけでなく，形や色を少しずつ変化させる（階調：グラデーション）ことで空間に変化や動きをもたらすことができる。(口絵参照)

(6) 強調 emphasis

ある空間の中に形や色，質感などをはっきり他と区別した要素を置くことで，対比的に空間を引き締める効果を与える。一つの壁面だけを強調することによるアクセントウォールは，比較的小さい空間でも効果的である。

【NOTE】

図3・12　リズムの例：芸術愛好家の家
C. R. マッキントッシュ　1996

図3・13　4. 調和

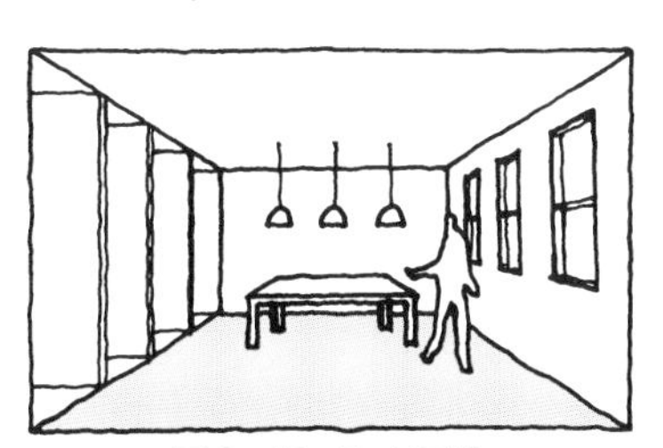

図3・14　5. リズム

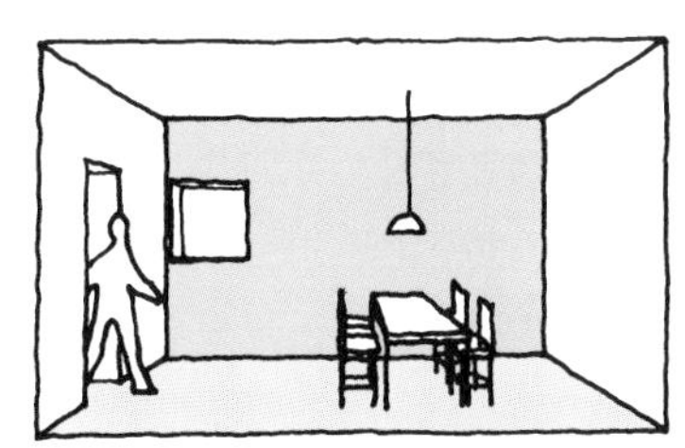

図3・15　6. 強調

図3・16　リズムの例：桜時（さくらどき）
佐藤　勉　2013

3・3　歴史的なインテリア空間からその構成を学ぶ

3・3・1　インテリアの歴史：なぜ歴史を学ぶのか

良いデザインとは，多くの人々に愛され利用されることによって過去から現在，そして未来へと受け継がれるものといえる。一方で時代とともに移り行くものでもある。ファッションや髪型などは変化が早く，流行り廃りのスタイルがある。

では私たちはインテリアの歴史とどのように向き合い，そこから何を学ぶべきだろうか。

「もしある作品が完全に現在の中に埋没し，その時代にしか生まれないものであって，過去からのつながりも，過去との本質的な絆ももたないとしたら，その作品は未来に生きることはないだろう。現在にしか属さないすべての事物は現在とともに滅びるのである」ミハイール・バフチーン（ロシア）(*)

私たちのふるまいや言葉の中には，数えきれないほどの過去が忍び込んでいて，知らず知らずのうちにそれを享受している。同じようにデザインにおいても，過去につくられた良質なデザインが，現代の日常生活のあらゆる場面に取り入れられている。

過去の優れたインテリア空間を学び，その成立した背景や文化，技術などを合わせて知ることで，その空間がもたらした本質的な意義を理解し，未来の革新的なデザインに応用できるのではないだろうか。

(*) 出典：「自分のなかに歴史をよむ」阿部謹也，筑摩書房，1988

3・3・2　歴史的インテリア空間から学ぶ

(1) 古代から中世へ

古代・中世の世界観では，「聖なる空間（大宇宙＝死)」の内側に「日常の空間（小宇宙＝生)」があり，「生と死がひとつにつながって」いた。(*)

【事例3・1】 パンテオン

ローマ，イタリア，118〜128，ローマ皇帝ハドリアヌス

→ローマ時代はアーチ工法など，高度な建築技術により，巨大な内部空間がつくられるようになった。直径43.2m の球体を内包する，現存するドーム建築。「偉大な目」と呼ばれる円頂窓にはガラスがないため，太陽光だけでなく雨や風も入り込む。

事例3・1・1　パンテオン

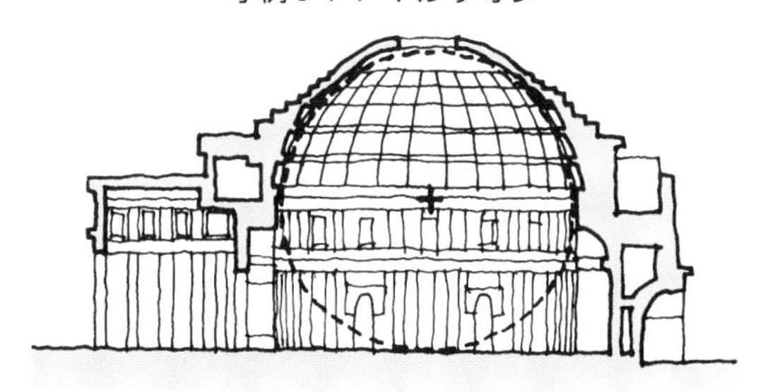

事例3・1・2　パンテオン断面図

【事例 3・2】　厳島神社

広島県廿日市，1168，世界文化遺産，日本三景

→神域への入り口である木造の大鳥居は海に浮かぶように建てられ，海の向こうからやってくるすべてを受け入れる懐の深さを感じさせる。回廊で結ばれた社殿は，平安貴族の住居様式である「寝殿造り※」で，壁がなく背後の山や広大な海など周囲の自然と見事に一体化している。

※寝殿造り＝平安中期に成立した貴族の住宅様式。中央に寝殿と呼ぶ主屋があり，その東面と北に対屋（たいのや）を設け，渡殿（わたどの）と呼ばれる渡り廊下で結ぶ。柱は丸柱，床は板敷きに置畳（おきたたみ），屏風や几帳（きちょう）などの「しつらい」による可変可能な内部空間に特徴がある。

事例 3・2・1　厳島神社　回廊　1168

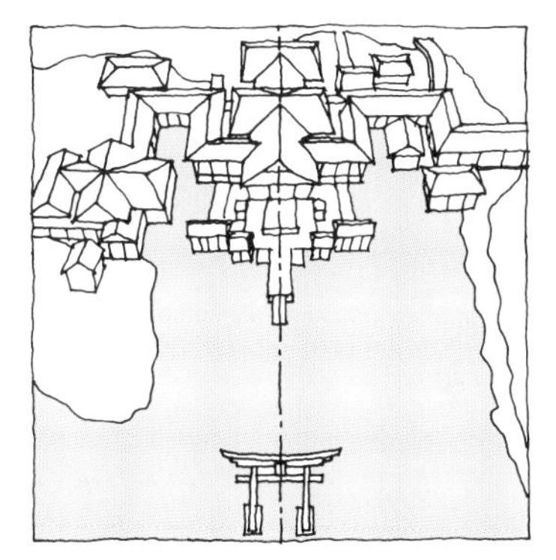

事例 3・2・2　厳島神社全体図

（2）近世から近代へ

近世には古代文化の復興運動としてのルネッサンスが興る。その要点は以下の通り。

- 宗教（キリスト教）の浸透
- 自然を客観視する態度の発生
- 機械式時計の発明
- 透視図法の発明

これらによりそれまでひとつながりであった「聖なる空間（大宇宙＝死）」と「日常の空間（小宇宙＝生）」が一元化され，「生と死は切りはなされ」た。(*)

【事例 3・3】　ヴェルサイユ宮殿　鏡の間

フランス，パリ，1678，ジュール アルドゥアン マンサール

→鏡の間にある357枚の鏡は，建設当時極めて高価な品であった。ベネチアから引き抜いた鏡職人に，宮殿で使用する特注の鏡を製造させた。ベネチア政府は製造の独占維持と製法の流出防止のために，職人の動向を監視し，違反者は死刑という罰則を設けて職人がベネチアから出ることを禁じていた，と伝えられている。第一次世界大戦を終結に導いたヴェルサイユ条約はこの部屋で調印された。

事例 3・3・1　ヴェルサイユ宮殿　鏡の間

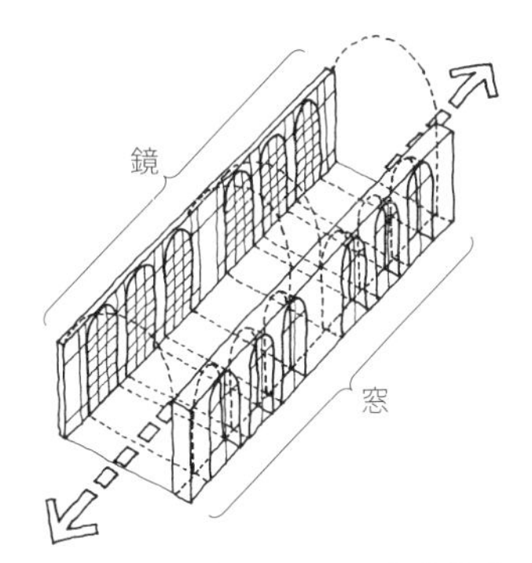

事例 3・3・2　ヴェルサイユ宮殿模式図

【事例3・4】　桂離宮　京都府，京都市，1620～1648
→数寄屋風書院建築と回遊式庭園で有名な離宮。1620年から1648年にわたって増築され現在の形式が完成された。広さ約56,000m²（約1.7万坪）。古書院，月波楼，中書院，松琴亭，笑意軒など簡素な茶亭と庭園，環境との調和の美をもつ。松琴亭の茶室の内装は，薄藍と白の市松模様による襖がモダンな美しさとリズムをもたらし，ドイツの建築家ブルーノ・タウトがその美しさを世界に広めたことでも知られる。

事例3・4　桂離宮　松琴亭内観

（3）近代から現代へ

近代は産業革命による大量生産・消費とともに個人の尊重による民主主義が興る。モダニズム＝近代主義とは，合理的で機能的な事物を理想と考える主義のことである。2度の世界大戦による人間の尊厳失墜により，「生への偏重と死に対する無自覚」を生む。(*)

【事例3・5】　シュレーダー邸
オランダ，ユトレヒト，1924，G. T. リートフェルト
→オランダの総合芸術運動「デ・ステイル」の造形原理を空間に発展させ，白・灰の面と黒・赤・黄・青の線によって構成されている。壁を漆喰塗りの煉瓦造とし，床と屋根は木造である。間仕切りは夫人のアイディアを採用した可変式で，移動させるとひとつの広い部屋として使うことができる。

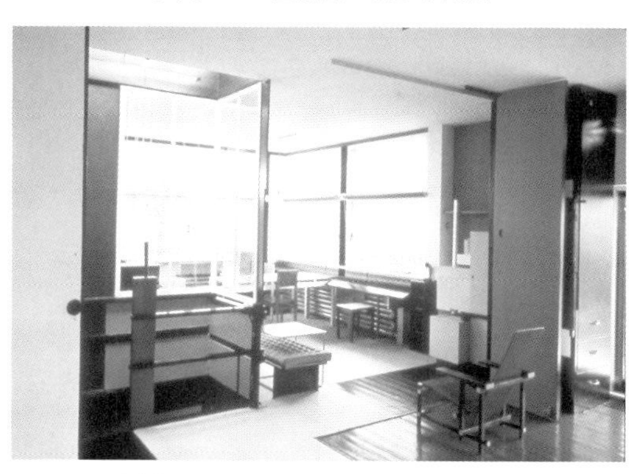
事例3・5　シュレーダー邸　2階内観

【事例3・6】　ガラスの家（ダルザス邸）
フランス，パリ，1932，ピエール・シャロー
→美しい機械仕掛けのリノベーション住宅。1階はダルザス氏の仕事場である医院があり，金属製の荘厳な大階段を上ると吹き抜けのガラスブロック壁をもつ応接サロンが現れる。サロンの上には家族のための個室が並ぶ。各寝室に備えられた浴室には，金属性の可動のたんすや回転する間仕切りなどシャローが考案した衛生と整理のための近代的な設備が備えられている。

事例3・6　ガラスの家　応接サロン

【NOTE】

【事例 3・7】　東京駅丸の内駅舎南北ドーム

東京都，千代田区，1914，復原工事　2007-2012，辰野金吾

→駅舎ドームは第二次世界大戦の空襲によって損壊したが，多くの写真や文献を元に，創建当初の仕様を復原した。壁面のレリーフには兜，剣の他，干支等の日本的モチーフが用いられていたこと，天井の色漆喰塗が3段階の「黄卵色」で全体として「麗（はれ）やか」な色彩であったことが，文献に記述されていた。ドームの内側は戦災復興によって60年以上の間ジュラルミンによる仕上げとなっていたが，その裏側に創建当初の漆喰レリーフの一部が残っていた。壁や天井の内観を当初の姿に復原するため，多くの客観的情報を集め，そのデザインを決定した。

事例 3・7　東京駅丸の内駅舎南北ドーム

■コラム　「インテリアを巡る旅」

旅に出よう。昔から建築家やデザイナーは旅を通して五感で空間を体験することで，新たな空間やモノを生み出すための想像力を磨いた。インテリアは文化の上に立つものであり，旅することでその文化を丸ごと実感できる。

スペイン・コルドバの世界遺産メスキータ（モスク）。赤いレンガと白い石灰石が交互に重なる無数の2重アーチによる礼拝の間が圧巻である。人が少ない朝の開場時間を狙い，内部に足を踏み入れた時の光景，靴音の響きや乾いた空気感は今でも忘れられない。カメラに頼らずスケッチを描くことは細部をよく見ることになり，結果として空間全体の印象も深く記憶に残っている。

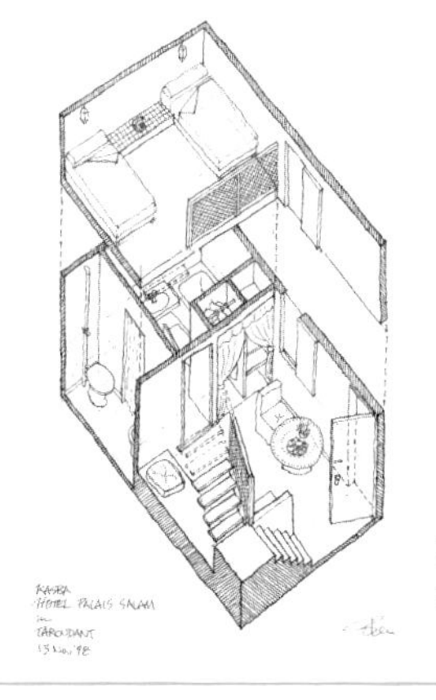

モロッコの砂漠都市タルーダントでは，古い城を改修したホテルのメゾネット客室に泊まった。翌日，機内の中でアクソメ図を想像で描きながら，小窓から差し込む陽光を受けて柔らかく広がる空間の記憶を蘇らせた。こうして移動時間も大切な旅の過程となる。

左：内観スケッチ，メスキータ，コルドバ
右：客室アクソメ，Hotel Palais Salam，タルーダント，モロッコ

■worksheet 03

身近なインテリア空間の中で，以下の造形原理に基づく空間デザインを探してみよう。またそれらの造形原理をより明確に発揮させるために，どのようにデザインを修正すると良くなるかについて提案してみよう。

１）シンメトリー

２）リズム

３）強調

第３章
exercise

〈造形に関する用語〉

【問題１】 建築家ル・コルビュジエが提唱した「モデュロール」は［　　　］を応用した寸法体系で，人体寸法を基準に形成されている。

1．整数比
2．白銀比
3．黄金比

〈日本の伝統文様〉

【問題２】 ［　　　］文様は２色の四角を交互に並べたもので日本の伝統的な模様であるが，西洋にもチェッカーと呼ばれる同じパターンの模様が古くからある。

1．七宝
2．市松
3．鱗形

《解説》

【問題１】 黄金比はある線を二分したときに，小さい部分と大きな部分との比が，大きい部分と全体の比に等しくなるような分割比 A：B＝B：(A＋B)＝1：1.618のことをいう。

【問題２】 七宝（しっぽう）は同じ大きさの円または楕円を四分の一ずつ重ねる文様。鱗形（うろこがた）は三角形が交互に入れ替わりになった形状で，魚のうろこに似ていることからいわれている。

《解答》

【問題１】 3 【問題２】 2

第4章

インテリアと身体

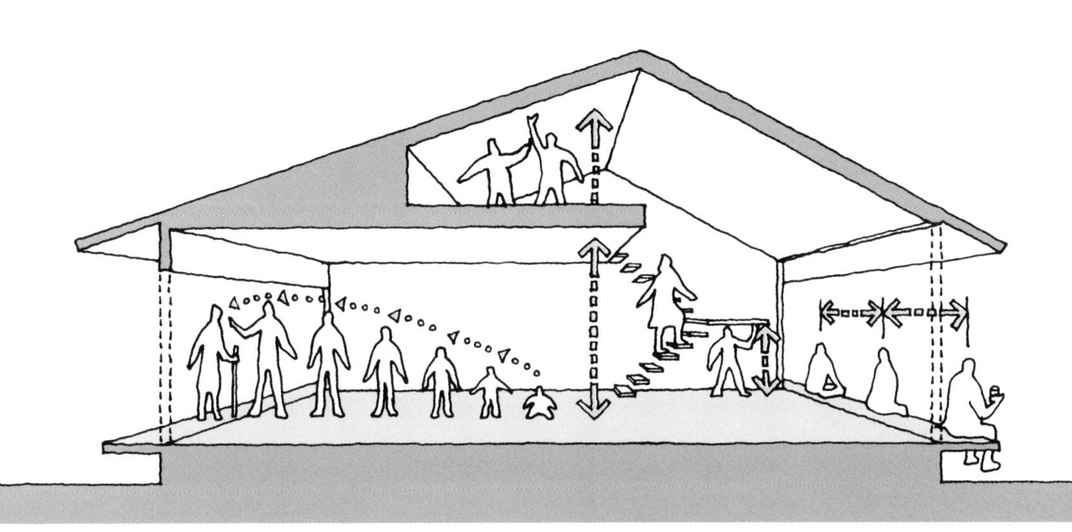

身体の大きさにあった空間は人に安心感を与え，
居心地よく過ごすことができます。
また人と人の距離のとり方や，人と人の体の向きあい方によっても
互いの心理的な感覚は大きく変化します。

人間の感覚や動きにあわせた空間や物の尺度を与えることにより，
快適なインテリア空間をつくることができます。

◇この章で学ぶ主なこと◇

1　インテリアと身体はどのようにかかわるか

2　人の心理は行動にどのような影響をあたえるか

3　社会的弱者の視点でインテリアを考える

4・1　インテリアと身体はどのようにかかわるか

4・1・1　ヒューマンなスケールとは

佐賀県武雄市にある武雄市図書館は，民間企業が指定管理者となりその運営に参画した，全国初の試みとして大きな話題となった。既存図書館のリノベーションによる空間は，壁面がゆったりと湾曲しながら開架式の書架を包み込み，広大なインテリアを奥まで見通せることで来場者の読書欲をかき立てる。

片流れの天井が下った端にあるカフェの一角は，天井をさらに低くした全面窓の空間が外に突き出ており，開放的であるとともに落ち着きが感じられる。隣接地にこども図書館が開館するまでは，ここに児童書とこどもの読み聞かせコーナーが置かれていた。

数年後に新築されたこども図書館は，林立する細い柱が支える高い天井と，高窓から差し込む自然光が特徴である。その中には天井高さが子どもの背丈ほどしかない「ひみつのへや」や，階段状の書架と読書スペースを一体化させた「えほんの山」など，子どものスケールを意識したメリハリのある活き活きとした空間が広がっている。

内観全景

カフェの一角

こども図書館「えほんの山」

こども図書館「ひみつのへや」

図4・1　武雄市図書館

子どもだけでなく大人にとっても，身体の大きさにあった空間は人に安心感を与え，居心地よく過ごすことができる。これを「ヒューマン・スケール」な空間という。

空間だけでなく，物の持ちやすさ，道具の使いやすさ，家具の快適さなど，その物自体の大きさや人と空間との関係を，人間の身体や体の一部分の大きさを尺度にして考えることがヒューマン・スケールの意味である。人間の感覚や動きにあわせた，適切な尺度の空間や物をデザインすることにより，快適なインテリア空間をつくることができる。

4・1・2　身体の寸法は比例関係にある

「起きて半畳，寝て一畳」という諺（ことわざ）がある。一人の人間に必要な広さは，起きている時が半畳で，寝ても一畳あれば足りる，ひいては贅沢は慎むべきである，という教えである。

昔の日本の住まいは，畳の大きさが基準となって部屋の大きさが決まっていた。畳のサイズは日本人の身体寸法と大きな関わりがあった。

では，あらためて自分の体の寸法を測ってみよう。まず① 身長（H）を測る。次に② 両手を水平に広げ，左手の先から右手の先までの長さを測ると，身長とほぼ等しいことがわかる。また③ 目の高さは0.9H であり，④ 肩までの高さは0.8H，⑤ 腕をまっすぐ下ろした指先までの高さは0.4H とほぼ等しくなる。さらに肩幅は身長の1/4（0.25H），座高は0.55H である。

このように身体の各部分の寸法は身長と比例関係にあり，個人差がほとんどない。

自分の体のさまざまな寸法を知っておくと，メジャーの代わりにモノや空間のおおよその寸法を簡単に測ることができて便利である。手のひらをひろげた間隔や，普段の歩幅（つま先からつま先までの長さ）を測って記録し，それを用いて身近な空間の大きさやモノの寸法を実際に測ってみよう。

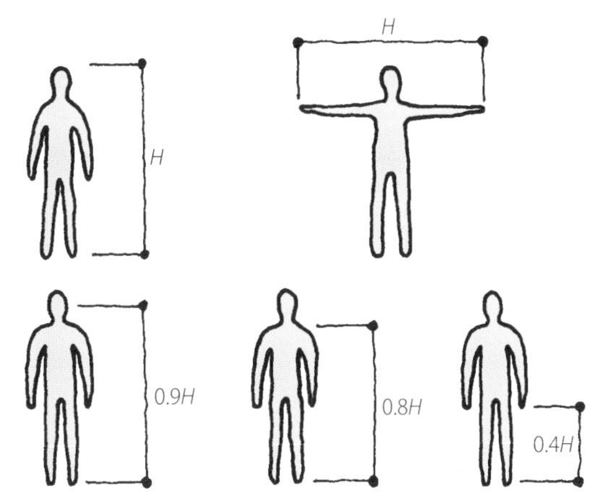

図4・2　人体の各部分の寸法は身長と比例関係にある

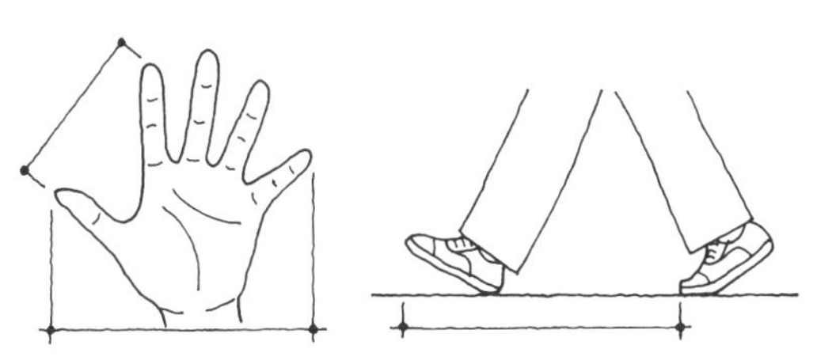

図4・3　手の大きさ／歩幅をメジャーの代わりに使う

【NOTE】

4・1・3　人間工学と作業域

長い時間不自然な姿勢で作業を続けた場合，体の不調をきたした経験はないだろうか。人間工学とは働きやすい職場や生活しやすい環境を実現し，安全で使いやすい道具や機械をつくることに役立つ実践的な科学技術のことをいう。

人と空間のかかわりにおいて，人体の各部位の寸法や，人間のあらゆる生活姿勢や動作に伴う領域に基づく寸法について，人が最も快適にかつ機能的に使いやすく効果的であるかをデザインの根拠にすることが，人間工学の目的である。

例えば料理という行為は，限られた時間で複雑で多様な作業を行うことが求められる。ではキッチンはどのように設計するべきだろうか。

「作業域」とは，人間が一定の場所で身体の各部位を動かしたとき，そこに平面的あるいは立体的に作られる空間の領域をいう。腕の作業域とは，手を伸ばしてモノに手が届く範囲であり，肘や肩を屈伸したり回せる範囲のことである。

「通常作業域」は，上腕をかるく体側につけて肘を曲げた状態で自由に手が届く領域のことで，「最大作業域」は思い切り腕をのばしたときに手の届く領域をいう。

例えばシステムキッチンは，料理という複雑な作業を効率よくかつ安全・快適に行えるように，カウンターの高さやシンクの形状，収納の配置や仕組みなどが「通常作業域」と「最大作業域」の領域を基準にデザインされている。

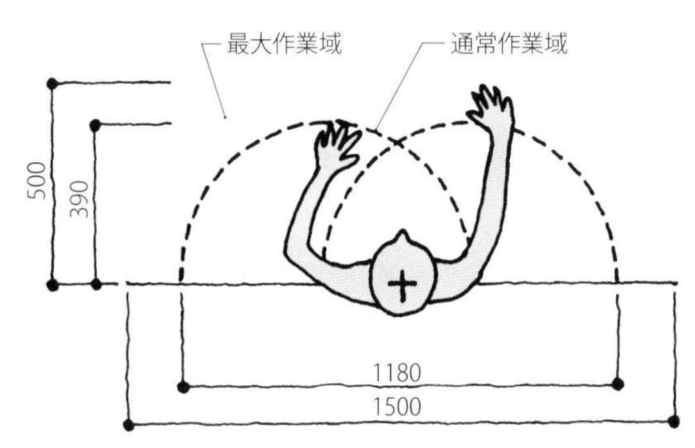

図4・4 「通常作業域」と「最大作業域」(mm)

図4・5　作業域とシステムキッチン

【NOTE】

4・2 人の心理は行動にどのような影響をあたえるか

4・2・1 対人距離

空いている電車の中で，人がどこの席に座るかを観察してみよう。まず一方の端に最初の人が座り，次に反対の端，その次の人は中央に座る。なぜこのようなことが起きるのだろうか。

満員電車の中に長時間閉じ込められるとストレスを感じるように，人は他人との距離を適度に保とうとするように行動する。

エドワード・ホール Edward Hall（米，文化人類学者，1914-2009）は著書『かくれた次元』の中で4つの対人距離を示し，心理的要素が人と人の間の距離に及ぼす影響について分析した。対人距離を適切に保つことで，さまざまな日常行為や社会活動をストレスなく円滑に行うことができるのである。

4・2・2 4つの対人距離

（1）密接距離 intimate distance 15～45cm

親しい人同士が保つことができる距離。体を容易に触れられる距離のため，親密さや愛情を感じることができる。その反対に知らない人がその距離に入ると敵対心や恐怖，不安を感じる。

（2）個体距離 personal distance 45cm～1.2m

少し手を伸ばせば触れられるぐらいの距離で，相手の気持ちを察しながら，個人的関心や関係を話し合える距離である。家族や親しい間柄の人同士が普通にコミュニケーションをはかる時は自然にこの距離を保っている。

（3）社会距離 social distance 1.2～3.6m

コロナ禍の新しい生活様式で求められることとなったソーシャルディスタンス。知らない人同士が公的な場所で会話する距離で，秘書や応接係が客と応対する場合などにとる距離である。他の人が同じ部屋にいても安心して自分の仕事に集中できる。

（4）公衆距離 public distance 3.6m 以上

講演会など，人と人の関係が公的な場合に，個人と公衆との間にとる距離である。

4・2・3 ソシオペタルとソシオフーガル

人と人の距離が同じでも，人の体の向きによって互いの心理的な感覚は大きく変化する。

「ソシオペタル」とは人間同士が求心的に集合する形で，互いに対話を促進するような座席などの配置の形をいう。反対に「ソシオフーガル」とは，人間同士の体の向きを反対方向にして，コミュニケーションを取りにくくするような遠心的な集合の形をいう。（下図参照）

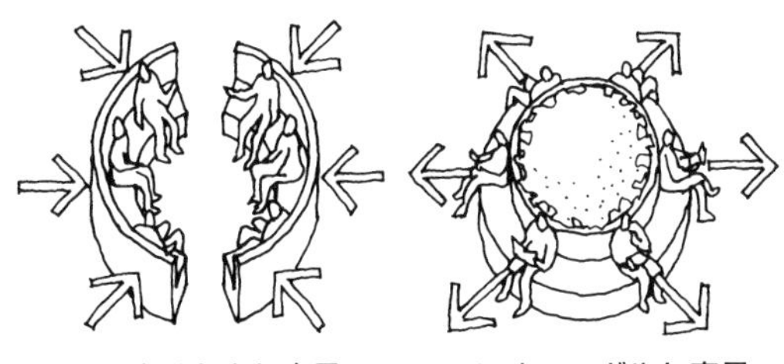

図4・6

4・3　社会的弱者の視点でインテリアを考える

4・3・1　社会的弱者に対するデザイン

幼児や高齢者，身体に障害のある者などの社会的弱者が，大人や健常者と同じように安全で快適に暮らせる環境を整えることが，これからの社会では当たり前のこととなる。福祉住環境デザインやユニバーサルデザイン，インクルーシブデザインなどがこうした分野に関連するデザインとして研究と実践が進められている。

4・3・2　ユニバーサルデザインの7原則

「ユニバーサルデザイン」とは年齢や能力，状況などにかかわらず，できるだけ多くの人が使いやすいように，モノや建物・環境をデザインする考え方である。1980年代にアメリカのR.メイスが提唱し，以下の7つの原則がある。

① **公平性**　身体的，心理的に使う人を選ぶことなく，誰でも公平に操作できること。

自動ドアや段差のない歩道など，車椅子に乗る人やベビーカーを押す人など，どんな人にも楽で安全に使うことができる。

図4・7

② **自由度**　使う人の能力や好みに合わせて，使い方を選ぶことができること。

高さの違う2段の手すりは，背の高さによって使う手すりを選ぶことができる。多機能トイレは能力に応じて選べるように複数の機能が設置されている。

2. 自由度
使いやすい方を選んで使える
2段の手すり

図4・8

③ **単純性**　使い方が簡単で直観的にわかること。

使い手の経験や知識に頼ることなく，直感的に使い方が理解できること。シャンプーとリンスのボトルには小さな凹凸があって，触るだけでその違いが判別できるようになっている。

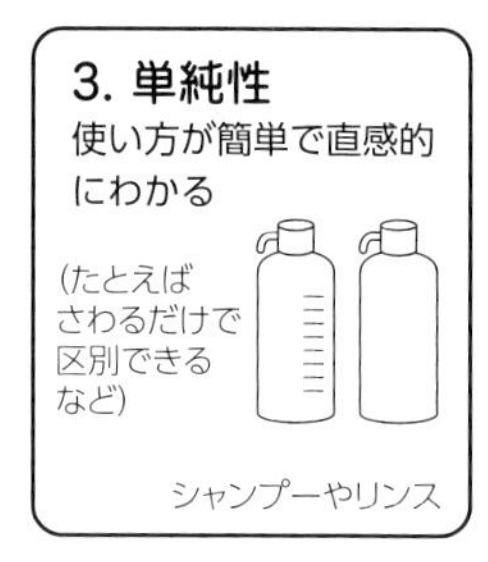

図4・9

④ **明確さ**　使う人にとって，その情報が理解しやすいこと。

何を伝えているのかが誰にでもすぐにわかること。施設の案内板に言葉だけでなくイラストを添えることで，年齢や国籍などにかかわらず情報をわかりやすく伝えることができる。

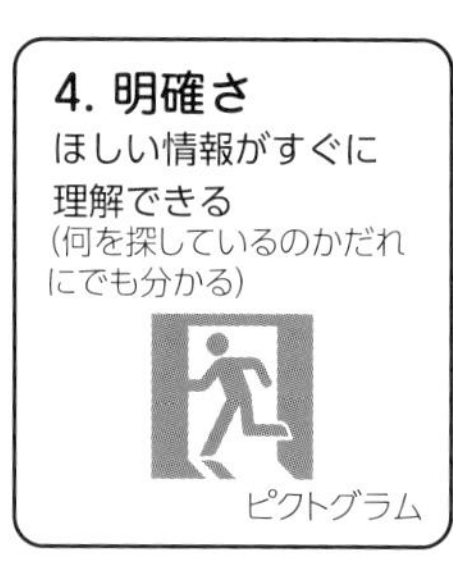

図4・10

⑤ **安全性**　使用時に事故の心配が無く，安全であること。

電子レンジは使用中に開けると停止する。誤って操作しても危険な状態を引き起こさず，ミスをしてもすぐに元の状態に戻れることが，使用者に安心感をあたえる。

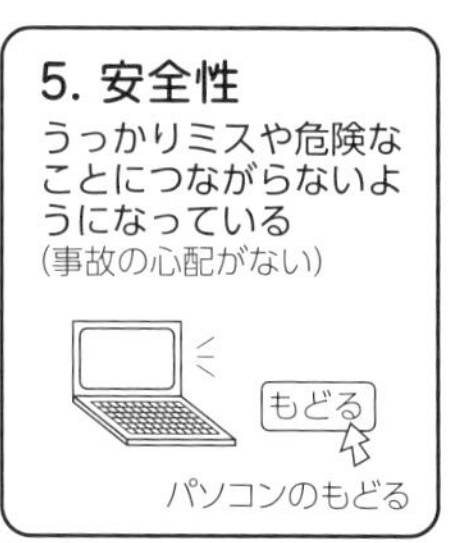

図4・11

⑥ 体への負担の少なさ　無理な姿勢をとることなく，かつ少ない力で使用できること。

ドアの開け閉めの際に握って回転するタイプに比べてレバーハンドル方式は握力を必要とせず，体に負担をかけずに楽に開閉できる。

図4・12

⑦ 空間性　十分な大きさや広さが確保されていること。

車椅子の移動スペースに配慮した駐車場や，多機能トイレなどの空間の広さ，操作ボタンを拡大したスイッチプレートなどモノの大きさなどが相当する。

図4・13

worksheet 04　**これからの社会的弱者とインテリアデザインの関係は，どのように変わるだろうか？具体的な例を挙げて記述してみよう。**

■コラム　ファブリックスケープ／fabricscape

インテリア展示会の休憩場所としてデザインされた仮設空間。周囲を取り囲む12の小空間には，人が生まれてから成長していく姿と空間とのかかわりを抽象化して表現しました。また中央エリアに無造作に転がる350個のさまざまなファブリックを用いたクッションは，来場者が自由に組み替えて使用できるようにしました。最終日には来場者にすべてのクッションを無料配布し，展示デザインの課題である廃棄物の削減にも貢献するとともに，来場者がイベントの記憶を持ち帰ることにもつながりました。

設計：竹村尚久＋佐藤勉
IPEC/JAPANTEX 2007
東京ビックサイト西ホールアトリウム
ディスプレイデザイン賞2008奨励賞

第4章
exercise

〈人間の動作と作業域〉

【問題1】　人間の作業域には肘を軽く曲げた状態で作業できる［　　　］作業域と，腕を伸ばした状態で作業できる最大作業域がある。

1．通常

2．水平

3．最小

〈人間工学〉

【問題2】　洗面化粧台と流し台では，基本となる作業姿勢が異なる。そのため，流し台よりも高さが低い洗面化粧台で，前傾姿勢のまま長時間洗い物をしていると［　　　］に負担がかかる。

1．上腕部

2．腰部

3．胸部

《解説》

【問題1】　静的な人体寸法に動的な人間の動作を加えた領域を作業域という。さらにその動作のおよぶ方向性と範囲によって水平作業域，垂直作業域，立体作業域の3つに分けられる。人の最小的な動きは関係しない。

【問題2】　台所作業時の不良姿勢により腰を痛める原因として，カウンターの高さが問題となる。その高さは一般的に850mm が採用されているが，「身長の半分に50～100mm を加えた値」が最適とされている。

《解答》

【問題1】　1　　【問題2】　2

第5章

インテリアと光・色

「どの照明器具も，器具本体よりも照明効果のほうが重視されるときだけに，
インダストリアル・デザインとしてその正当性を認めることができる」
アキーレ・カスティリオーニ

光の目的として，明るくはっきりと物が見えることはもちろんですが，
快適性，楽しさ，心豊かさをもたらすことも重要です。

◇この章で学ぶ主なこと◇

1　どのように快適に自然光を室内に取り込むか
2　照度設計から輝度設計へ：光の現象を知り，光を自在に扱う
3　照明は器具ではなく，光そのものをデザインする

5・1　どのようにして快適に自然光を室内に取り込むか

5・1・1　建築の目的と光のありかた

2016年に世界文化遺産に登録された東京上野の国立西洋美術館（1959）は，建築家ル・コルビュジエの日本における唯一の作品としても有名である。しかしこの建物２階の展示室（図５・１）の採光について，当時の建築界で激論が交わされたことは，これまであまり語られていない。

太陽の光や照明のあかりが眩しくて，うまくまわりが見えない不快さを「グレア」と呼ぶ。「反射グレア」とは，強い光が机などの面に反射することでまぶしく不快に感じることを呼ぶ。通常の美術館では図５・２のように高所からの頂側窓から展示室に採光することによって，「反射グレア」は発生しない。

ところが原設計では図５・３のように採光ギャラリーと呼ばれた空間を通して自然光を低い位置から取り込むように計画されていた。そのため平均的な日本人の身長では反射グレアが発生する恐れがあることを，環境工学者が指摘し，これが大きな議論に発展した。

美術館は絵や彫刻を見やすくつくることが本来の目的である。他の目的によってそれが犠牲になることは許されない。誰かがこの建物を買い取って，児童遊園に作り変えたらどうか，といった辛辣な意見もあった。

その後，採光ギャラリーの窓に遮光塗料が塗られて自然光は遮蔽された。その代わりに人工照明を設置することで，作品鑑賞のために必要な光の状態を作り出している。

ル・コルビュジエは長年温めていた美術館の構想を日本で実現することに意気込みをかけ，依頼した政府の予想をはるかに超える壮大な計画案を提出した。展示室に自然の光を取り込むことにより，季節や時刻の移ろいを感じさせながら作品を鑑賞させることは，その意図の一つであった。

現代の技術である可動ルーバーを用いれば，

図５・１　国立西洋美術館　２階展示室
設計：ル・コルビュジエ，1959

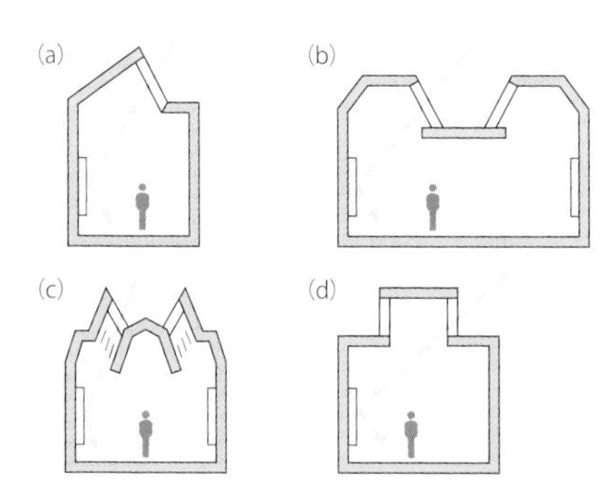

図５・２　頂側窓から展示室への採光例

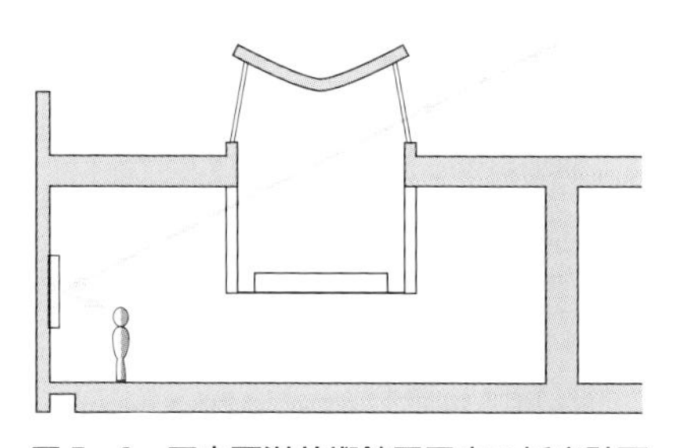

図５・３　国立西洋美術館展示室の採光計画

太陽光の動きに合わせて直射日光を遮ることができる。それによって反射グレアを抑えて自然光を取り込むことができ，設計当初の光のコンセプトが実現できる可能性がある。

5・1・2　自然の光を見直す

自然の光を効果的に室内に取り込むにはどうすれば良いだろうか。昔から室内で生活や作業を行うための十分な明るさをもたらすために，人々はさまざまな工夫を重ねてきた。天候により外で活動できない日や，夜間の生活が重視されるにつれて，たき火，松明（たいまつ），蝋燭（ロウソク），ランプ，暖炉など，火を用いたあかりを室内で安全に安定して用いる技が開発された。

現代では夜の光のほとんどが電気による人工照明に置き換わった。現在は新しい照明器具や光源が生み出され，多彩な光の演出が技術的に可能になった。しかし火の揺らぎは，人々に癒しと落ち着きをもたらす効果があることが近年の研究で確かめられている。

また日中では，太陽の光を巧みに内部空間に取り込むことによって，心に強く残る印象を人々にもたらすことができる。太陽光は季節や時刻に応じて刻々と変化し，その変化がインテリア空間にさまざまな表情をみせてくれる。

オフィスビルなどでは昼間の太陽光を積極的に活用することで，電力使用を抑えるだけでなく，時間や季節の移ろいを感じさせる技術も幅広く実用化されている。こうした自然光を活用する取り組みは，ストレスの多い現代社会において，改めてその効果が見直されている。

5・1・3　光を活かす素材，変化させる素材

建築家フランク・ロイド・ライトが1939年に設計したアメリカ中西部ウィスコンシン州の「ジョンソンワックスビル」では，マッシュルーム柱による巨大な執務空間を柔らかい自然光で満たしている。積層したガラスチューブによる屋根や壁を透過した太陽の光は，天井が高く水平に広がる室内に拡散される。自然光を利用することで日中の消費電力を抑え，また天候に左右されることなくオフィス空間に均質で安定した光をもたらすことで，快適な執務環境を作り出している。

図5・4　Johnson Wax Administrative Building
Frank Lloyd Wright, 1939

最近のオフィスビルでは，エネルギーを自給自足し，化石燃料などから得られるエネルギー消費量がゼロ，またはおおむねゼロとなる建築物であるZEB（ゼロ・エネルギー・ビル）の普及が望まれている。窓面にライトシェルフと呼ばれる中庇を設けることで，直射日光を遮蔽するとともに窓の上部から反射光を採り入れ，日射制御と昼光利用を両立させている。

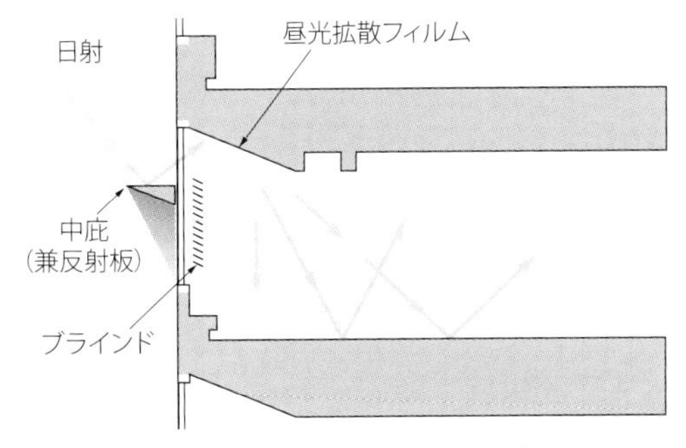

図5・5　ライトシェルフの例

5・2　光と色の現象を知り，光と色を自在に扱う

5・2・1　照度ではなく輝度で光を捉える

アメリカ東海岸ボストンのマサチューセッツ工科大学キャンパス内に立つチャペルは，外から見るとシンプルな円筒形の小さな建物だが，その内部に入ると自然光のもたらす多彩な効果に驚かされる。

祭壇上部の天窓から入る自然光は，天井から吊るされた細かい金属片を組み合わせた彫刻に反射し，繊細な輝きを放っている。また周囲のうねるレンガ壁面の下部には，建物の外部に設けられた水面の反射による間接光を取り入れている。

図5・6　MIT Chapel

米，ボストン，1955　Eero Saarinen
祭壇の光の彫刻：ハリー・ベルトイア Harry Bertoia

この空間で照度を測ると，天井近くのほうが高い値を示すがこの写真では床に近いほうが明るく感じる。その理由は吊下げられた反射板の数が下のほうが多く，私達の目はそこで反射された光（輝度）を感じとっているからである。私達の目が感じ取るのは照度ではなく輝度である。このことから，インテリア空間の光を考える際には輝度による設計が大切であることが分かる。(*)

5・2・2　快適な光環境を設計する

光の現象を知ることで，部屋の目的や用途に応じて，快適な光環境をつくることができる。

◆明順応と暗順応

明るいところから暗い部屋に入ると，初めは物が見えにくいが，次第によく見えるようになる。これは暗闇に入ると眼の網膜の光に対する感度が時間とともに増加するためである。この自動調節現象を暗順応といい，またその反対を明順応という。

一般に，明順応より暗順応のほうが時間を要する。日常生活の中でも，屋内と屋外の明るさの差につい目がくらんでしまうことがある。建物のエントランス，地下鉄の出入口など，暗順応を防止するために適切な明るさが必要な場合もある。

◆グレア

太陽の光や照明のあかりが眩しくて，うまくまわりが見えない現象を「グレア」という。見ているものの明るさに比べ，強すぎる輝度のものが視野に入ることで感じる不快さのことをいう。

「直接グレア」は，強い光を発するものを，直接見てしまうことで発生する。太陽光を直視したり，夜間に車のヘッドライトを直視したりする場合がこれにあたる。それに対し「反射グレア」は，強い光が机や紙などの面に反射することで発生する。屋外や強い蛍光灯の下で白い紙に書き物をし，強い反射光があたり続ける不快な状態などがこれにあたる。

(*) 出典：「照度設計からアピアランス設計へ」中村芳樹，(株) ビジュアルテクノロジー研究所 HP

■光の明るさの単位

・**光束**（ルーメン lm）：光源から放出する光の矢。

・**光度**（カンデラ cd）：光源からある一定の方向への光の量。

・**照度**（ルクス lx）：モノに当たる光束の面積密度。

・**輝度** luminance：光源や物体の輝きの度合いを表す単位。単位：cd（カンデラ）／m^2

人間の目はモノの反射する面の輝度を見て，明るさを判断している。これからの時代は「照度」から「輝度」を明るさの基準とした設計へと変わっていくことが期待される。

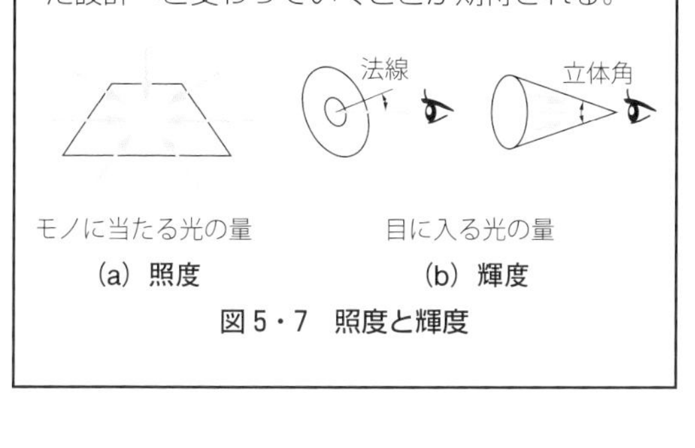

(a) 照度　(b) 輝度

図5・7　照度と輝度

5・2・3　快適な色環境を設計する

好きな色の服を着ることで心がウキウキと弾むように，お気に入りの色をインテリアに取り込むことで，居心地の良さや快適さをもたらすことができる。その一方で，色があたえる印象やイメージは人やその時の気分によっても異なる。また光の状態や組み合わせる色の種類などによっても色の見え方は大きく変化する。

◆色をどう表すか：表色

色は「色相」（色合いの違い），「明度」（明るさの度合い），「彩度」（鮮やかさの度合い）の3つの属性で捉えることができる。色相は赤（R），黄（Y），緑（G），青（B），紫（P）の5つの基本色相とその中間色相を加えた10色相を基本とし，さらにその中間色を加えた20色を環状に並べたものをマンセル色相環という。これに「明度」と「彩度」の軸を加えて立体的に表したのがマンセル色立体である。（口絵参照）

◆色をどう混ぜ合わせるか：混色

2つ以上の異なる色を混ぜると別の色が生まれる。パソコンやテレビのディスプレイで使用される RGB システムでは，赤（R），緑（G），青（B）の3原色を混ぜると白い光となる。これを「加法混色」という。

それに対してカラープリンターに使用される CMYK カラーモデルは，青緑（C：シアン），赤紫（M：マゼンタ），黄（Y：イエロー）の3原色にK（ブラック）を組み合わせた4色であらゆる印刷色をつくる。これを「減法混色」という。（口絵参照）

◆色をどう組み合わせるか：配色

2つ以上の色を組み合わせることを配色という。配色が心地よく感じるとき，その色の組み合わせは調和している。色の調和には類似色による調和，補色（対照色）による調和，などさまざまな法則がある。一般的な面積比率として，床や壁・天井などの基調色を60%，カーテンやラグ，アクセントウォールなど変化を付けるための配合色を30%，アートワークや雑貨など特に目立つ強調色を10%程度とすると，まとまりのあるインテリア配色となる。

◆プルキンエ現象

日が暮れると青い道路標識は明るく見え，赤い郵便ポストは暗く見える，といった経験をしたことはないだろうか。

色は網膜の視細胞で感知しているが，明るい場所では錐体（すいたい）と呼ばれる視細胞の働きにより，赤や黄が鮮やかに遠くまで見え，青や青緑は黒ずんで見える。一方，暗い場所では青や青緑が鮮やかに見え，赤や黄は黒ずんで見える。これは，桿体（かんたい）と呼ばれる視細胞の働きによるもので，人の目は暗くなるほど青系の色に敏感になる。これをプルキンエ現象という。

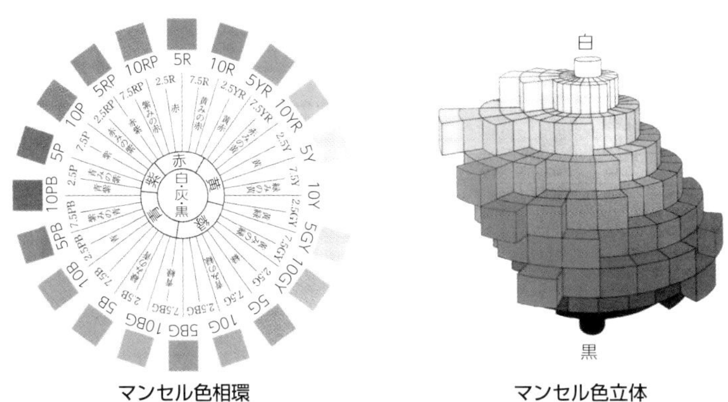

マンセル色相環　　マンセル色立体

図5・8　マンセル色相環とマンセル色立体（口絵参照）

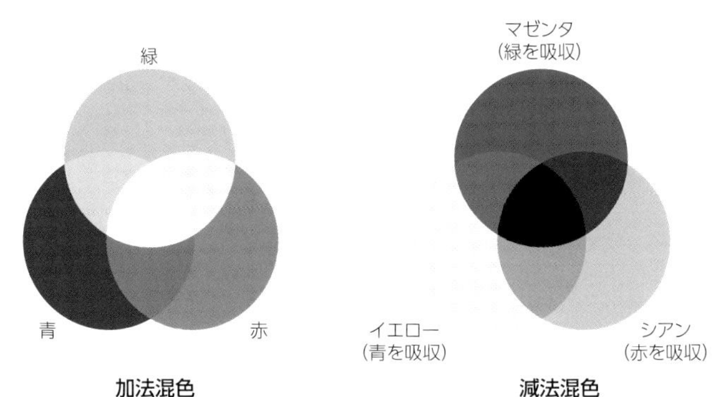

加法混色　　減法混色

図5・9　加法混色と減法混色（口絵参照）

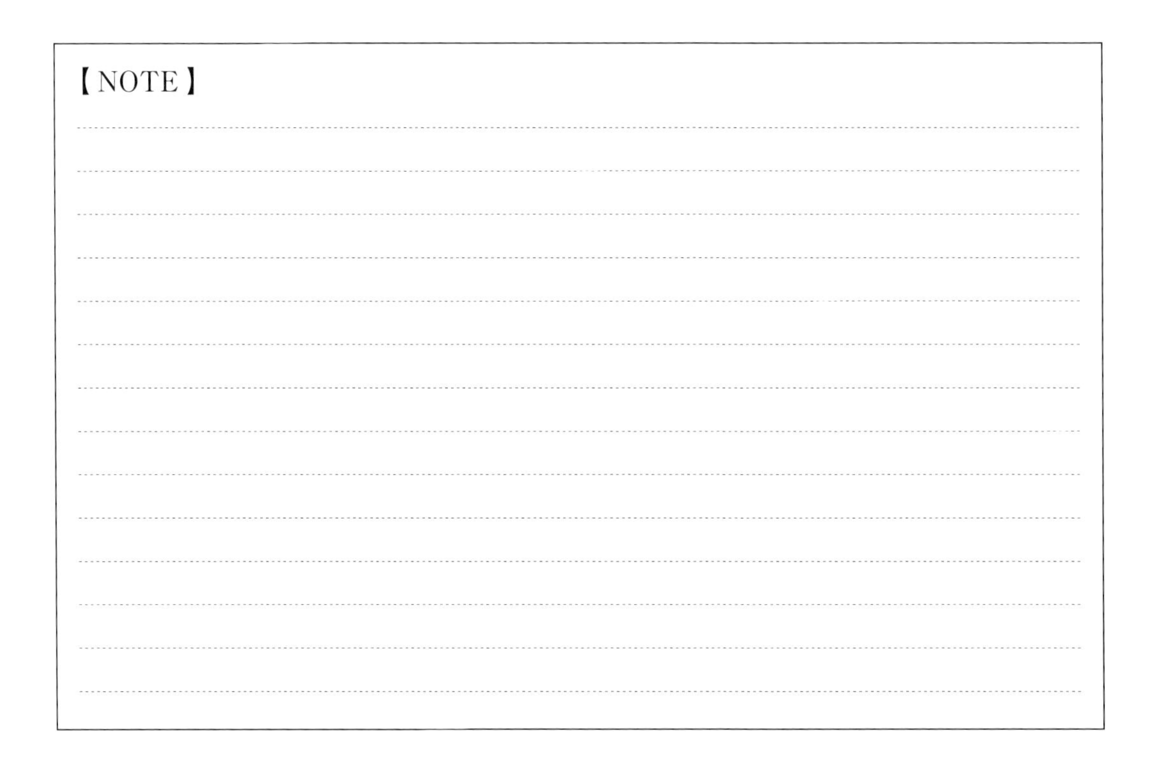

5・3　照明は器具ではなく，光そのものをデザインする

5・3・1　人工のあかり

「どの照明器具も，器具本体よりも照明効果のほうが重視されるときだけに，インダストリアル・デザインとしてその正当性を認めることができる」アキッレ・カスティリオーニ

照明器具をはじめとするたくさんの工業デザインを生み出したイタリアのデザイナー，カスティリオーニ兄弟（伊，プロダクト・デザイナー）。彼らのデザインした照明器具は，空間の中に光をどのようにもたらすかを念頭に設計され，余計な要素を極力そぎ落としたシンプルかつ印象に残る光のフォルムが特徴である。

図5・10　PARENTESI/ARCO
Achille Castiglioni, FLOS, 1970/1962

◆**主な光源の種類**

・**LED**(light-emitting diode／**発光ダイオード**)：
指向性の強い点光源で，輝度が高い。消費電力は白熱電球の1/10と省エネかつ長寿命で，これまで白熱電球や蛍光灯を使用していた器具はLED電球への置き換わりが進んでいる。調光や調色ができるタイプもある。

・**有機ELパネル**：面光源の拡散光で輝度が低く，明るさのムラがない。薄くて軽く，曲げることも可能。調光や調色ができ，店舗のディスプレイや棚下照明などに適している。

・**白熱ランプ**：点光源で演色性が良く，比較的安価。熱線の放射が多く，寿命が短い。

・**蛍光灯**：長寿命で効率が良いが，演色性は低い。ちらつきなど周囲温度の影響を受ける。

◆**光色の種類**

電球色：オレンジがかった温かみのある光色。リビング・寝室など。

温白色：電球色と昼白色の中間で落ち着きのある明るい光色。リビング・ダイニングなど。

昼白色：生き生きとした自然な光色で，キッチン・洗面台など。

昼光色：青みがかったさわやかな光色で，勉強部屋・ワークエリアなど。

■**「陰翳礼讃**（いんえいらいさん）」
谷崎潤一郎，1933，中公文庫

「もし日本的建築を一つの墨絵に譬(たと)えるなら，障子は墨色の最も淡い部分であり，床の間は最も濃い部分である。私は，数寄を凝らした日本座敷の床の間を見る毎に，いかに日本人が陰翳(いんえい)の秘密を理解し，光りと蔭との使い分けに巧妙であるかに感嘆する。」

図5・11

→日本の伝統美の本質を，影やほの暗さの内に見い出す，デザイナーの必読エッセイ。世界各国で翻訳され，多くのデザイナーや知識人に影響を与えている。

5・3・2　明視照明と雰囲気照明

照明の目的として，明るくはっきりと物が見えることはもちろんだが，快適性や楽しさ，心豊かさをもたらすことも重要である。明視照明は機能主体の照明として視作業に関係が深く，雰囲気照明は快適性が主体の照明として環境に関係が深い。

計画の規模によっては照明設計や照明デザインを行う専門職である照明デザイナーと協力して計画を進める。

◆全般照明／局部照明

これまで日本の住宅は明るすぎる，といわれてきた。高度経済成長にともなって蛍光灯の白い光が豊かさの象徴のように思われていたこともあった。このように天井の蛍光灯で家の隅々を明るくすることは日本に特徴的な現象のようである。

近年のくらし方や働き方の大きな変化によって，一つのあかりで部屋全体を明るく照らす「全般照明」の時代から，複数のあかりを適材適所に配置し照明する「局部照明」にすることで，生活のシーンに応じて心地よいあかりの空間を演出する時代に変わりつつある。

◆直接照明／間接照明（→建築化照明）

建築化照明の例

・コーブ照明：天井面を広く照らす。
・コーニス照明：壁面を照らす。
・バランス照明：反射板を用いて光源を隠し，拡散。

◆タスク・アンビエント照明

従来のタスク・アンビエント照明といえば，オフィスの煌々とした全般照明方式に変わる省エネ効果の高い照明手法としてのみ考えられてきた。しかしタスク（task：作業）とアンビエント（ambient：周囲）の２種類の光を多様に組み合わせれば，空間の演出や居心地，効率，柔軟性などあらゆる効果を高める多様なシーンに応用することができる。

タスク・アンビエント照明の考え方は，最近のオフィスで広がっている ABW（Activity Based Working）という働き方とも親和性が高く，オフィスのさまざまな場面で有効に活用することが可能である。

5・3・3　照明器具の種類

照明器具は取り付ける場所や取り付け方法によってさまざまな種類がある。身の回りにある照明器具や照明方法を観察し，なぜその種類が選ばれたのか理由を考えてみよう。

全般照明

・シーリング　　　＝天井直付型
・ペンダント　　　＝天井吊り下げ型
・シャンデリア　　＝天井吊り下げ・多灯型
・ダウンライト　　＝天井埋込型

局部照明

・ブラケット　　　＝壁付型
・スポットライト　＝壁付型・天井直付型
・ウォールウォッシャー　＝天井埋込型
・フロアスタンド　＝床置型
・テーブルスタンド＝机置型

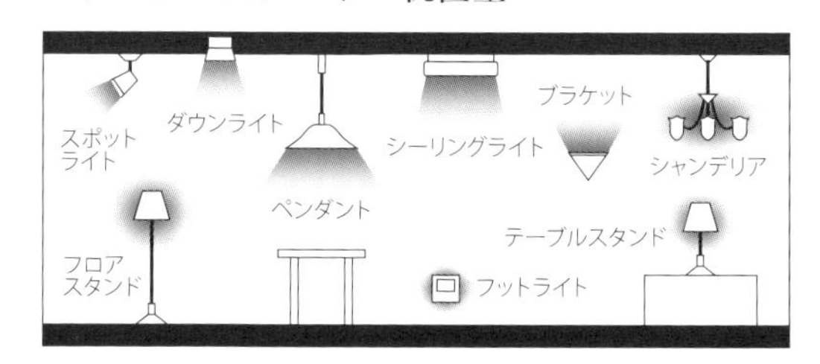

図5・12　照明器具の種類

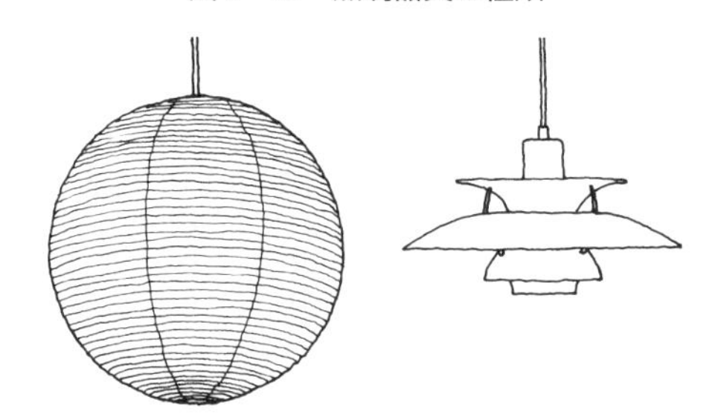

左：AKARI　イサム・ノグチ　1950～
右：PH5　ポール・ヘニングセン　1958
図5・13

■worksheet 05

1）はじめに身のまわりの光と影によるコントラスト，バランス，リズム，静／動を観察してみよう。光の質感，テクスチュア，強弱，グラデーション…について記述してみよう。

2）光に対する素材の特徴を知ることで，光の状態を豊かに変化させることができる。透過光，半透過光，遮光，反射光などを観察し，その様子を言葉で表してみよう。

3）最後にあたかも自然光のように，人工の光を計画してみよう。自然の中に現れる美しい光の姿を手本にしながら，人工の光空間を演出できるだろうか。

■コラム　学生達への助言　アキッレ・カスティリオーニの言葉から

好奇心がないなら，やめた方がいいでしょう。人々のすることや，彼らの反応に関心がないとしたら，デザインはあなたの職業ではありません。

路上の人々や，映画だとかテレビの中に見られる人々のごく日常的な身振りや態度，当たり前で，誰も目にもとめないようなフォルムを，批評的な目で観察することを学んでください。

あなた達がデザインしたものを使うことになる，誰も知らない見ず知らずのほんの小さな人々と，ある交換をしようと思う，その気持ちから，いいプロジェクトは生まれるのです。

芸術家による象牙の塔といったコンセプトは，もうすっかり忘れてください。

デザインの作品は，いろんな能力を持った人達の協働による，多くの努力の成果として生まれるものです。テクニカルなこと，インダストリアルなこと，コマーシャルなビジネスのこと，そしてもちろん美的なこと。各分野における能力を持った多くの人が集まり，力を合わせてできていくのです。

人々の振る舞いの中に誤りを見つけだすこと。そして，習慣化してしまっている規範を越えていく視点を発見すること。

デザインを前へ進めていくための本当のテーマは，こうした中に探されるべきだということを，学生たちにわかっていて欲しい。

【出典】多木陽介「アキッレ・カスティリオーニ　自由の探求としてのデザイン」，株式会社アクシス，1995年

第5章
exercise

〈採光の目的〉

【問題1】 一般的なギャラリーの展示室やアトリエにおける採光の主たる目的は，［　　　］ためにある。

1．室内の演出効果を高める
2．室内を適度に明るくする
3．室内に安定した明るさを確保する

〈高齢者と視環境〉

【問題2】 人間は加齢とともに識別・判別能力に変化が生じる。そのため全般照明に使用する光源は，できるだけ［　　　］の高いものがふさわしい。

1．演色性
2．効率
3．彩度

《解説》

【問題1】 「演出効果を高める」目的は店舗や宗教施設などで，「適度に明るくする」目的は住居の居室やホテル，病院などに対してある。

【問題2】 加齢によって目の水晶体が黄褐色に濁り，青系の色は見えにくくなる。演色性は光源の性質で，色の「見え」が変化する。彩度はあざやかさの程度を表わす。

《解答》

【問題1】 3　　【問題2】 1

第6章

インテリアと空気・熱・音

インテリア空間が快適であるためには，
目に見えないものをコントロールすることが大切です。
五感で感じた心地良いという感覚は
いろいろな項目が合わさってつくりだされています。

◇この章で学ぶ主なこと◇

1　空気の流れと質が快適性を左右する
2　熱は高いところから低いところへ流れる
3　音は心地良いインテリアを演出している

6・1　目には見えない3つの要素

6・1・1　目には見えない3つの要素

インテリア空間が快適に感じるかどうかは，目に見える色や素材だけでなく，目に見えないものとしての**空気**，**熱**，**音**の3つの要素が大きく関係することは感覚としてはわかる。

図6・1は，住宅の断面図に3つの要素を図示している。空気は，温度と湿度などが人体にとって心地いいと感じるバランスで存在しているとともに，嫌なにおいがなく新鮮であること。熱は，太陽の日射を効果的にコントロールするとともに，その特性・動きを知ること。音は，人間の聴感特性について学び，外部の不快音をいかに遮断して内部の発生音を心地よく聞くことができるかを考える。

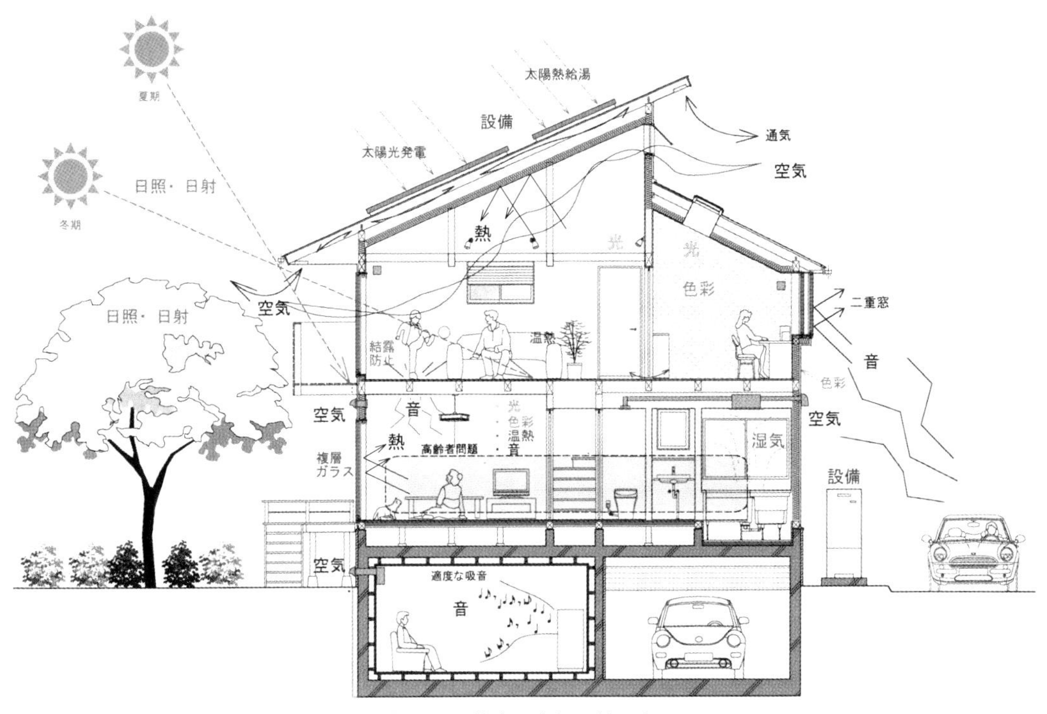

図6・1　住宅の空気・熱・音

6・2　空気の流れと質が快適性を左右する

6・2・1　寒暑感覚をもたらす６つの要素

「家のつくりやうは，夏をむねとすべし。冬はいかなる所にも住まる。暑き比（ころ）わろき住居は，堪えがたき事なり。」

【参考】 吉田兼好『徒然草』第55段より抜粋

「家のつくりかたは，夏を中心にしたほうがよい。冬はどんな所にも住める。暑い頃，悪い住まいは，堪えがたいことだ。」

日本の古民家は，夏は湿気がこもらず涼しいが冬になるととても寒くなる。そこで厚着をしたり火をくべたりして暖を取ってきた。現代の日本では，地球温暖化の影響もあり夏期は特に高温多湿な猛暑日が多く，夜には風も吹かず寝苦しい日が続くことがあり，昔の人からは想像を絶する気温・湿度になっている。結果として，熱中症を予防するため空調機をつけて寝ることも増えている。

人間の快適性はどのように判断されるのだろうか。温熱環境による要素は以下の６つである。

環境から

①気温，②湿度，③気流速度，④放射

人体から

⑤代謝量，⑥着衣量

特に，湿度が高いと気温を高く感じ，乾燥していると気温を低く感じることを我々は体感的に知っている。気流速度が大きいと人間の体からは熱が逃げていくため，空気の流れを適切につくり出すことが必要になる。

これら６つの要素を「**新有効温度**」という１つの尺度で表現することもあるが，これは軽装・軽作業のオフィス空間で感じる体感温度と考えておけばよい。

実際には室内の温熱環境のコントロールはそれぞれの要素ごとに行うことになる。

6・2・2　空気の汚染物質

人体から発生する空気汚染物質は，二酸化炭素（CO_2），水蒸気，体臭などがある。CO_2 自体は無色・無臭・無害である。だが，その濃度は他の人体に由来する汚染物質の濃度とほぼ比例するため，室内汚染の指標とされる。水蒸気も無害であるが，湿度が高くなると不快感を与えカビの原因となる結露が発生するため汚染物質とみなされる。

さらに建材から発生するホルムアルデヒドや有機溶剤，揮発性有機化合物についても発生の抑制が求められる。

6・2・3　空気の入れ替え

空気汚染物質はどのように入れ替えればよいだろうか。図６・１では，１階の浴室天井に換気扇を設置して，浴室とトイレの空気を外部へ排出している。また各部屋には給気口があり外部の空気が導入され，ドアの下部を通って，浴室とトイレへ空気が流れるようになっている。地下室では単独で給排気が行えるようになっている。

２階では地域の風向きを考慮して南側にテラス窓を設け，反対側上部に高窓を設けることで夏の室内を自然換気することが可能になっている。

6・2・4　空気の質と動きをみる

見えない空気については，その質や流れを可視化する技術が日々進化している。空気の質を知るには測定器を用いるが最近ではさまざまな機器が販売されていて，気温・湿度・気圧の他に二酸化炭素，揮発性有機化合物，PM2.5などの汚染物質が測定できる。さらにスマートフォンと連動することで情報を可視化させ，外出先からでも空気の質を確認することができ**コロナ2019（Covid-19）**の社会でさらに必要性が高まった。

空気の動きは，今まではミスト・ドライアイス・煙等に光を当てて気流を見ていたが，近年は流体解析による空気の流れをAR，VR，MRの可視化技術で現実空間に重ね合わせて事前のシミュレーションにより空気の流れが事前に確認できるようになってきた。(口絵参照)

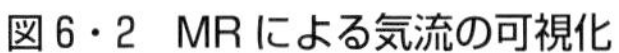

図6・2　MRによる気流の可視化

図6・3　MRによる粒子の可視化

（提供：新菱冷熱工業株式会社）

【NOTE】

6・3　熱は高いところから低いところへ流れる

6・3・1　熱は高いところから低いところへ流れる

熱の伝わり，つまり「熱の移動」には原則があり，温度の高い方から低い方へ移動する。空気は温まると上昇するので気流による方向性があるが，物体がもつ熱には決まった方向性は無く，温度の高い方から低い方へ向かって，上下左右すべての方向へ移動する。これを輻射熱と呼ぶ。輻射熱は空気に影響されないので風が吹いても熱が伝わるのが特徴である。たき火の暖かさが分かりやすい。

夏の夜に屋外は夜風が吹いて涼しいのに室内が暑いのは，日中に屋根や壁が太陽に熱せられて夜になると貯め込んだ熱を人体に向けて放出するからである。人間の皮膚の表面温度は約33℃で，天井・壁の温度が33℃に近づくと夜風が通っていても輻射熱の影響で室内は暑く感じられる。夏の夜に屋外が涼しいのは，放射冷却現象によって宇宙に向かい地球の熱が放出されているからである。人体の温度を左右するのは室温だけでなく，半分は輻射熱によるものといわれている。輻射熱をコントロールできれば，建物の温度上昇を抑えることができ，体感温度は大きく変わる。

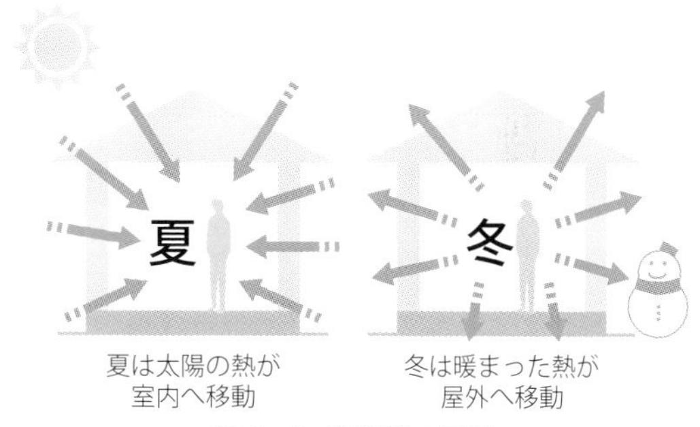

図6・4　熱移動の原則

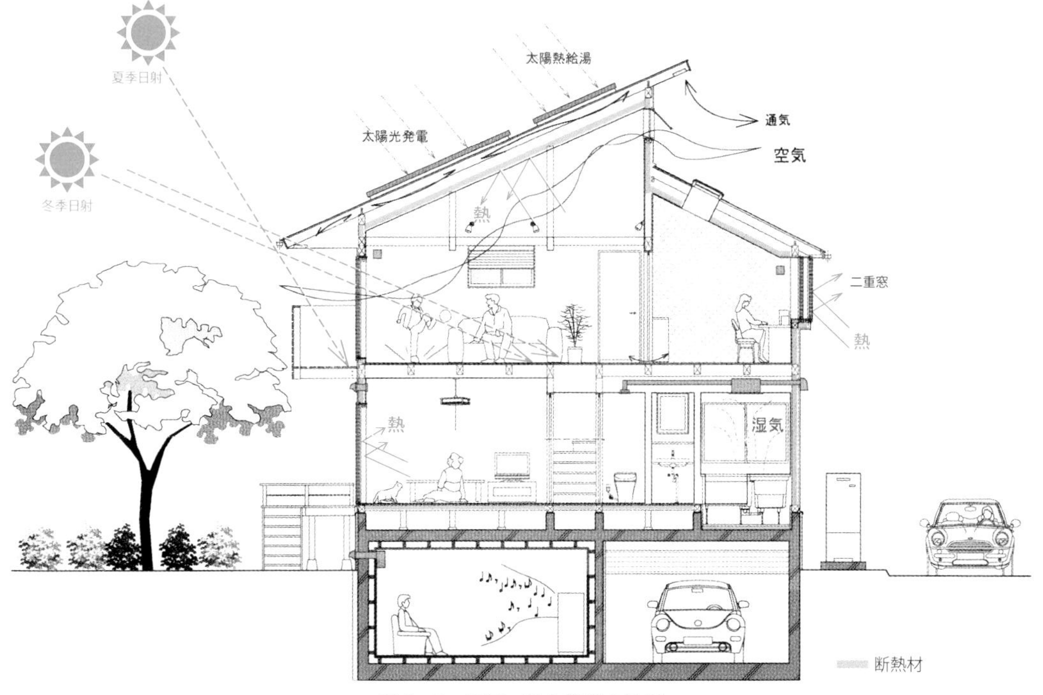

図6・5　日射・熱と断熱の位置

6・3・2　熱にかかわる要素

熱はエネルギーである。そのエネルギーを有効に使用するために知っておくべきことがある。

(1) 日射

太陽光を調節することは，建物の快適性や冷暖房エネルギーにかかわる要素である。冬期には日射をなるべく取り入れて，夏期には遮蔽するという方針で計画する。南面の日射調整には庇が有効で，冬の日射を室内に取り込み，夏の日射を室内に入れない効果がある。落葉樹を植えれば夏は影を落として日射遮蔽し，冬は落葉して日射による熱取得を妨げない。

図6・5の2階部屋のように南面における日射調整には庇が有効で，季節による日射の調整に効果がある。また建物の南島・東西に植えた落葉樹にも同様の効果が期待できる。居間の西向きの窓にはブラインドを設置して夏の夕暮れ時の西日を遮蔽する工夫をしている。

(2) 断熱

室内の快適性向上と冷暖房エネルギー削減を図るために断熱対策を検討する。特に面積が大きく室内環境への影響の大きい屋根や天井面の断熱はしっかりと行う必要がある。

地下駐車場は外部に接続されているため，隣の部屋や上階の浴室とは断熱材で区切っている。

(3) 湿気

水蒸気が窓や壁表面，壁内部で凝縮して水になることを結露という。室内の水蒸気が拡散することでカビや空気汚染による健康被害が起こる。結露防止には水蒸気が広がるのを抑制するため，強制的に換気を行う必要がある。また断熱対策にも留意する。特に窓面のサッシ枠やガラスは材料の熱伝導率が高いために結露がしやすく，断熱性能の高い窓を選択するのが望ましい。

6・3・3　熱の状態をみる

サーマルカメラとは物体の熱を検知するカメラで，撮影する物体から出る遠赤外線の強さを視覚的にみることができる。撮影画像はサーモグラフィと呼ばれ，スマートフォンで使用することもできるようになり，入館時の体温チェックに使用されることも増えたためこの画像を目にする機会も多い。

口絵⑰はサーモグラフィで表面温度を測定したものだが，明るい色の方が外壁の窓の表面温度が高いことを示していて，視覚的に人間の温熱感覚は，空気の温度や湿度だけでなく物体の表面温度から発生する熱（輻射熱）が影響しているということを覚えておこう。

【NOTE】

6・4　音は心地良いインテリアを演出している

6・4・1　音について考える

人間は多くの音の中から自分が聞きたい情報だけを無意識に聞き分けることができる脳の働きを備えている。これをカクテルパーティー効果という。

また，周囲の雑音が部屋の状況により反響しすぎてしまうと，騒音で会話が成立しなくなることがある。

例えば集中作業をしたいとき，雑音のない静かな空間よりもBGMが流れていたり，まわりの人の話し声が少しだけ聞こえる場所，自動車の通り過ぎる音，食器を片付ける音やコーヒーをつくる音など，さまざまな雑音が聞こえた方が逆に集中しやすくなる経験もあるだろう。

このように考えるとインテリア空間の音環境は心地よさを決定づける重要な要素の1つである。遮音と吸音の問題や外部からの不快音の遮断，内部からの発生音も気にならないよう考慮しよう。

6・4・2　音の大きさと周波数

人間が聞く音は「大きさ」と「周波数」で考える。音の大きさは物理的な量と感覚的な量が対数関係にあるため，音圧レベル表示（デシベル：dB）で表す。図6・6は音の大きさごとの感じ方の違いを言葉であらわしており，音圧レベルと周波数の関係は等ラウドネス曲線であらわされる。

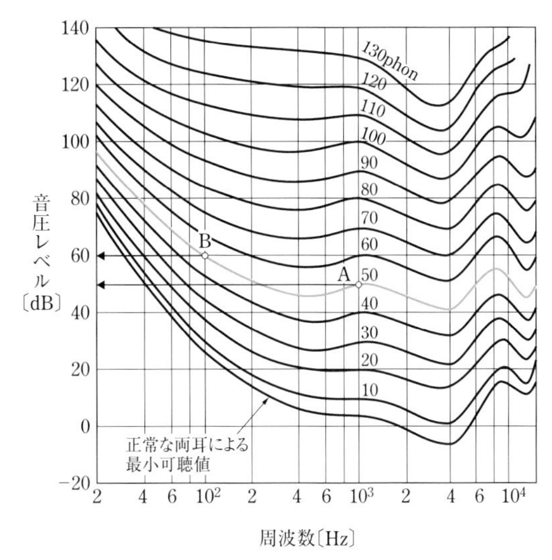

図6・7　等ラウドネス曲線

人間の耳が知覚可能な音の周波数は20〜20,000Hzといわれていて，その範囲の中でも聞こえやすさが異なる。たとえば，音楽で低音と高音は大きな音量にしないと聞こえにくくなることがグラフからわかる。図6・7でA点（10^3 Hzで50dB）とB点（10^2 Hzで60dB）の音は同じ50phonという大きさに聞こえる。

音圧レベル表示〔dB〕	音の大きさ（音圧）の倍率	騒音の感じ方の例（その際の状態）	
20	10倍	木の葉のふれあう音，小さな寝息など	静か
40	100倍	図書館内や閑静な住宅地の昼間	静か
60	1,000倍	デパートの店内，普通の会話程度	普通
80	10,000倍	パチンコの店内，救急車のサイレン	うるさい
10	100,000倍	地下鉄の構内，電車が通るときのガード下	極めてうるさい
120	1,000,000倍	飛行機のエンジン地殻，地殻の落雷	聴力機能に障害

図6・6　騒音の感じ方の目安

6・4・3　遮音・吸音・防音

快適な空間をつくるためには用途に応じて音の制限方法を壁・床・天井の空間全体で考える必要がある。

ここでは下記の3つの用語の意味を把握しよう。

遮音：音を跳ね返して透過させないこと。

→重量が重いほど遮音の効果が高く鉄筋コンクリート造の壁・床・天井は遮音性能が高い。板材を用いた二重壁ではその間にいれる材料や空気層により遮音効果は変化する。

吸音：音波を熱エネルギーに変換させることで音を減らし反響音を減らすこと。

→吸音材としてはグラスウール等が多いが，カーテン等も反射音を減らす意味で効果がある。人間の身体自体も吸音するため音楽ホールでは人間が入った空間の方が吸音効果がある。

防音：外の音が室内に入ったり室内の音が外に漏れるのを防ぐこと。

上階からの音の対策を下階の天井から行うことは難しいが，下階の防音室からの音を上階に聞こえづらくすることは可能である。建具や給気口，換気扇などの隙間から漏れる音にも注意をするとよい。

6・4・4　音響の特別な現象

壁や天井と床が平行に向かい合っていると音が反射してエコーを繰り返す。この現象をフラッターエコーという。日光東照宮薬師堂の「鳴き竜」が有名である。天井中央が少し持ち上がった「むくり」形状だとさらに顕著に鳴る。

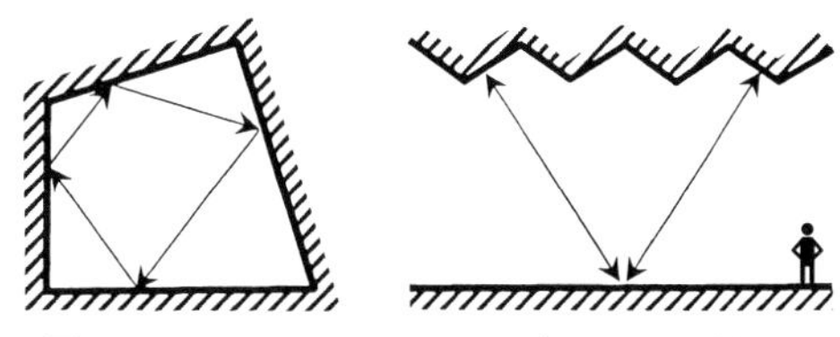

図6・8　フラッターエコーの生じやすい断面形

worksheet 06　**身のまわりの室内空間で音が反射するところや吸収されていると感じる場所を探してみよう。その空間はどんな形状か，どんな材料で仕上げられているか，考えてみよう。**

6・5　今後の環境はどうなるか

6・5・1　都市環境

◆ヒートアイランド現象・温暖化現象

都市部では建物が密集して建っているため，ビル風が問題になっている。また，多くの建物がコンクリート造など重くて吸水性に乏しい材料でつくられているため，熱を蓄えやすく水の蒸発による冷却作用が小さい。さらに冷房機器によって外部へ熱を放出することで都市環境は高温化していき，建物の建設，運用両方で二酸化炭素を排出しているため温室効果ガスの濃度増加が地球の気温を上昇させる地球温暖化の原因となっているのは大きな問題である。

◆省エネルギーとゼロ・エミッション

省エネルギー法では住宅のエネルギー消費量削減を目的の１つとしており，断熱性能を向上させることが負荷軽減につながるという方針である。一方で大幅な省エネルギー化として期待されているのがZEH（ゼロ・エネルギー・ハウス）である。太陽光発電による創エネルギーと高断熱・高気密の箱に高効率熱源機で空調して換気することで設備の依存度を減らし，最終的にエネルギー消費をトータルでゼロにする建物を普及させることがこれからの課題である。

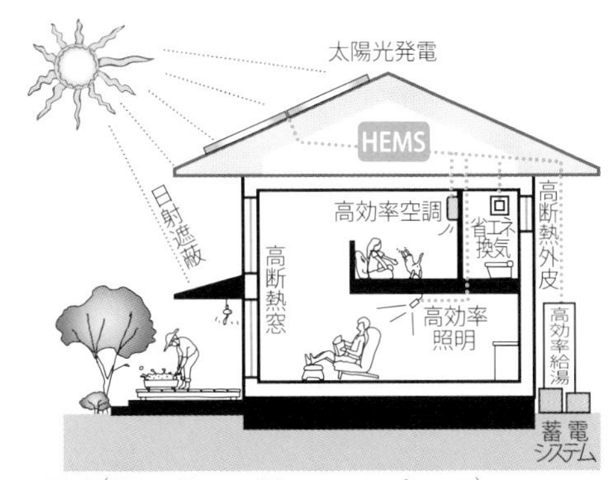

HEMS（Home Energy Manegement System）
：住宅で使うエネルギーを「見える化」して把握することにより，エネルギーを管理するためのシステム。

図６・９　ZEHのイメージ

6・5・2　高齢者問題

少子化の影響もあり高齢者比率は急速に増加すると見込まれている。2000年に日本の65歳人口比率は17.3％であったが2050年には35.7％に達し，2100年まで大きくは変化しないとみられている。室内の環境も高齢者に配慮することは欠かせない。高齢者の不慮の事故リスクは，窒息，転倒・転落，溺死であるが，溺死の大半は入浴による心臓発作であり，特に寒い脱衣室と暑い風呂によるヒートショックが多いため，温度差のある廊下なども含む温熱環境のバリアフリー化により解決が必要になる。

【NOTE】

第6章
exercise

〈日射による熱〉

【問題1】 夏至における，水平面，東西壁面，南壁面の終日日射量の大きさの順番は［　　　　］である。

1．水平面＞南壁面＞東西壁面

2．水平面＞東西壁面＞南壁面

3．南壁面＞水平面＞東西壁面

〈音響の効果〉

【問題2】 音楽や会話を快く聞くには，外部からの騒音を防止するとともに，室内で発生した音が内装材などにより適度に［　　　］されるよう，調整する必要がある。

1．拡散

2．反響

3．吸音

《解説》

【問題1】 夏至日射は水平に一番長く日が当たる。東西からの日射は室内の奥まで差し込むので，その遮蔽には可動式の鉛直ルーバーが有効である。

【問題2】 音の環境を作るには遮音，吸音，残響への配慮が必要である。遮音は外部からの騒音を防止し，吸音は室内で発生した音を弱め，残響への配慮は音の重なりを防ぎ，聞き取りやすさを調整する。

《解答》

【問題1】 2　　【問題2】 3

第7章

インテリアと設備

私たちは現代の社会で集団生活をする上で
機械設備の機器を使いながら日々を過ごしています。
電気，水道，ガスを効果的に利用した省エネルギーを意識した
設備計画が求められています。

◇この章で学ぶ主なこと◇

1　エアコンは熱を移動させる機械である

2　気持ちの良い空気を送るために換気をする

3　トイレから給排水設備を考える

7・1　エアコンは熱を移動させる機械である

7・1・1　設備を人間の体に例えると

インテリアにおける設備を人体の機能に例えるなら，内臓や血管のようなものである。人体の内臓は，食物を消化吸収してエネルギーに換え，老廃物を排出する働きを持っていて，自律神経により調節されている。建築においては機械設備のポンプやエアコン，給湯機や換気設備へ置き換えられる。体内の血管は，酸素や栄養分を運び二酸化炭素や老廃物を内臓に届け，さらに体内の水分と体温を調節する役割を持っている。インテリアにおいては設備の配管にあたり，空気（冷暖房・給気・排気）やガス，液体（給水・排水・冷媒，他）を各所に流している。このように，機械と配管が一体になって設備が構成されているという考えを持って空間をみてみよう。普段目に見えることの少ない設備は，現代のインテリア空間を快適に使用する上では欠かすことができない。人体と同じように維持管理を怠ると故障等で使用ができなくなることもある。利用者が不便に感じないように，施設管理者は適切な維持管理計画を立てて，定期的にメンテナンスを実施する必要がある。

設備は下記の４つのグループに分けられる。

① 機械設備：エアコン，換気扇，他
② 給排水・衛生設備：キッチン，浴室，トイレ，他
③ 電気設備：照明，コンセント，電話，LAN，他
④ 消火設備，防災設備，昇降設備

ここではインテリアで特に重要と思われるエアコン・換気・トイレから設備を考えてみよう。

7・1・2　エアコンから空気調和設備を考える

（１）エアコンの熱のつくられかた

エア・コンディショナー（air conditioner）は空気を調整する機械である。家電量販店で見かける家庭用エアコンはメーカー各社が省エネルギー効果の高い多機能な商品をそろえている。

快適な温度の熱はどうやってつくりだしているのか考えてみよう。

夏に打ち水をすると涼しくなるのは，水が蒸発して水蒸気になる際，地面の熱を奪っていくからである。エアコンでは，冷媒の相変化※を利用して，低温の室内から熱を汲み上げ，高温の外部に熱を捨てていることになる。この低温側から高温側に汲み上げる仕組みのことをヒートポンプと呼ぶ。（図７・１）

空気中の熱を移動させるサイクルを利用しているので，省エネになるわけである。

※相変化：温度の変化に伴い物質の状態（固体・液体・気体）が変化すること。

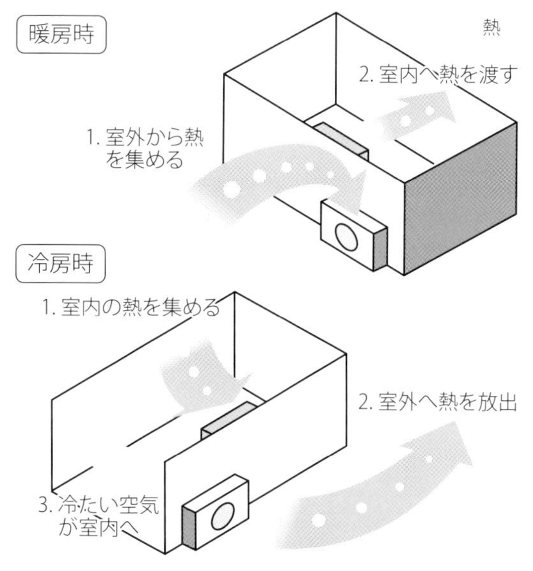

図７・１　ヒートポンプのイメージ

（2）エアコンの長所・短所

実は人体は，熱を周囲の空気と壁面に捨てて生活している。体温計よりも体の表面温度が低く測定されるのは，体温は人体を取り巻く空気や周壁温度よりも高いため，周囲に熱を捨てることになるのである。

エアコンは，空気温度を下げて気流も強くするので冷房においては合理的な空調方法であるが，暖房においては空気温度を上げるものの気流（ドラフト）も強くなってしまうことが問題になる。また，暖気は上にたまるため床付近を温めるには時間がかかる。その点，放射暖房（赤外線が他の物体に伝える熱を利用した暖房）では床や壁の温度を上げた熱を利用するために気流を動かさないので快適な暖房となる。冬季はエアコンだけでなく，床暖房も併用することで快適性が向上する。

（3）熱の効果的な届け方

空調機の性能は，室外機などの熱源をつくり出す機械設備の性能に左右される。大規模建築物等のエアコンは1つの機械からダクトで分配して各室に供給することが多く，さまざまな方式がある。インテリア空間では居室に届けられた熱を効果的に使用するため，どこに吹出し口を設け，どのように空気の流れをつくるかを設計段階で検討するのが重要である。

（4）ダクトもデザインの1つの要素

オフィスビルや商業施設等では，室内の仕上げに天井を張らないで設備配管や空調ダクトを露出させる空間が増えている。間仕切りを設けずに1室空間で空調をコントロールすることになる。インテリアの1要素となるため，吹出し口の形状や色や素材にも配慮することで居心地のよい空間が生まれる。

図7・2　ダクトあらわしの例

【NOTE】

７・２　気持ちの良い空気を送るために換気をする

７・２・１　換気設備の目的

換気設備は，新鮮な外気を導入し汚染空気を排除することで室内の空気を改善していくためにある。室内の空気には利用者の呼吸などで二酸化炭素濃度が増加し，また埃や臭気，NO_x などの有害ガス濃度や，新築・リフォーム後の健康被害となるシックハウス症候群のもととなるホルムアルデヒド等の揮発性有機化合物，新型コロナウィルスへの対策も含め，人体にとって有害とならないように換気設備の重要性が高まっている。

【事例】ナイチンゲール病棟

イギリスの看護師フローレンス・ナイチンゲールの実践に基づきつくられた病棟。

自然換気しかない時代に大部屋の病室の中に１ベッド当たり40m^3（幅2.4m 長さ3.6m 天井高4.8m）のスペースが与えられており，ベッド間には天井までの高さの縦長の窓が設置された。

７・２・２　換気設備のルール

建築基準法では下記が定められている。

（１）居住者の換気　自然または機械による換気

・床面積の1／20以上の換気上有効な開口部

・換気量20m^3／h（成人男性の安静時 CO_2 排出量）

（２）火気使用室の換気

・調理室などで火を使用する設備に設ける換気設備は必要な換気量を満たす必要がある。

（３）建築基準法改正（2003年７月施行）

・新建材や家具から発散するホルムアルデヒド等の揮発性有機化合物によりシックハウス症候群が引き起こされると考えられ，換気回数0.5回／h に相当する機械換気を設置することが義務づけられる。（図７・３）

７・２・３　感染症防止対策としての換気量

「換気の悪い密閉空間」を改善するための換気の方法として，2022年６月に厚生労働省は新型コロナウィルス感染症対策専門家会議の見解から基準を定めており，商業施設等の管理者へ換気方法を提示した。

・換気回数　２回／h

・必要換気量　30m^3／h

建築基準法より厳しい条件での対応が提示されているが，この値の根拠はカナダの一般病棟勤務者における結核の院内感染リスクの低減に効果があった換気回数２回/h から来ており，一人当たり換気量は48m^3/h に相当する。しかしこの大きな換気量を要求する既存の法的基準はなく，建築物衛生法の30m^3/h を準用している。

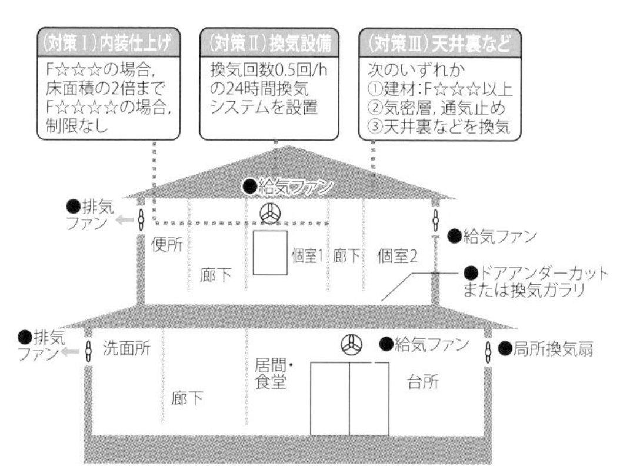

図７・３　シックハウス症候群の防止策

7・2・4　自然換気と機械換気

換気方法には温度差を利用した自然換気方式と送風機や換気扇を用いる機械換気があり機械換気の方式は大きく分けると３種類ある。

7・2・5　換気による室温のロスを回避

主に住宅などに使用される自然換気方式（第３種換気方式）では新鮮空気が外気温のまま室内に入る。しかし，空調機器がつくりだした快適な室温が変化してしまうため窓を開けて自然換気するのをためらうことがある。また，給気口からの冷気が気になり，閉めたままにすることもあり，充分な換気がされない場合がある。

そこで第１種換気方式である機械給排気の給気口に全熱交換機というものを使用すると，熱を室内にとどめておくことが可能になる。

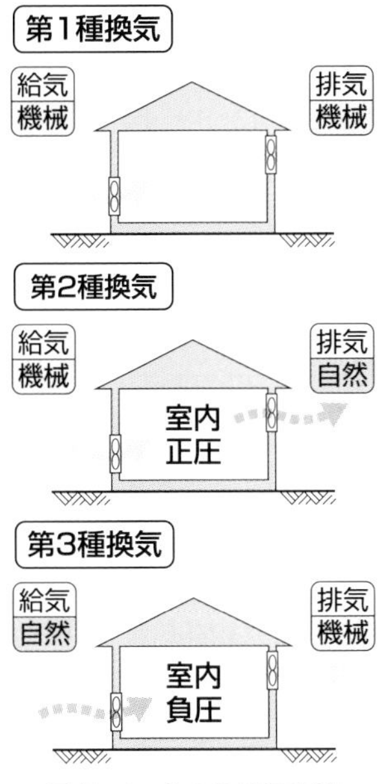

図７・４　３つの換気方法

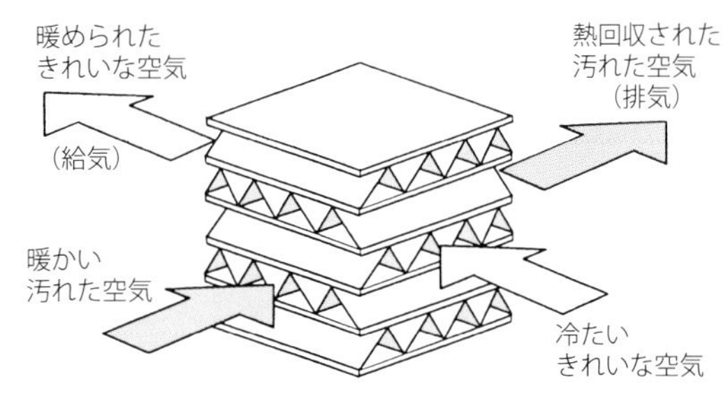

図７・５　全熱交換器のしくみ

【NOTE】

7・3　トイレから給排水設備を考える

7・3・1　トイレの歴史

日本におけるトイレの歴史を確認してみよう。鎌倉時代以降，糞尿が貴重な肥料として扱われ，汲み取り式便所が主流となった。

明治時代に欧米化が進み，水洗式便器が輸入された。続いて浄化槽や下水道整備が進み，1953年（昭和28年）には衛生陶器に関わるJIS規格が一本化され，1959年日本住宅公団が洋風便器を採用したことで徐々に一般家庭へも水洗便所が普及するようになった。1964年には温水洗浄便座が発売されて，日本ならではの衛生習慣と技術力によって高性能なトイレへと進化していき，海外でも人気商品となった。

近年は，自動洗浄や音楽再生，そしてスマートフォンとの連動による健康状態の把握など進化を続けている。また公衆便所が無料で使用できることも，日本文化の象徴といえるだろう。

図7・6　トイレ　和式便器から洋式便器へ

7・3・2　区分所有法から給排水を考える

マンションにおけるトイレの配管について考えてみよう。給水は水道管からの水圧で給水管内部は常に水で満たされているため，勾配を取る必要がない。一方で排水は便器から汚物が排水されるため，勾配が必要となる。現代の分譲マンションでは躯体部分は共用部で，躯体スラブより上は専有部となることが区分所有法に定められていることが多く，スラブの上で排水勾配を取りパイプスペース（PS）までつなぐため，水回り設備はPSの周りに集約配置するのが合理的である。PSまでの距離が遠いと排水管の勾配を取るために床仕上げ高さを上げる必要があり，住戸内には段差が生まれることになる。バリアフリーの観点からは受けいれにくいため，特にリフォームにおける水回りの配置計画には配管上の制約が伴うので注意したい。

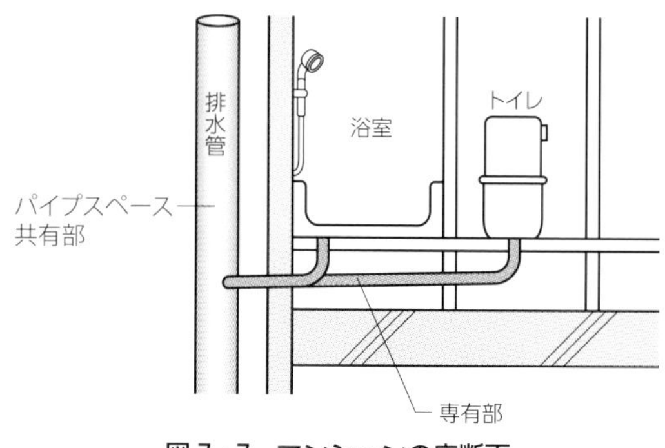

図7・7　マンションの床断面

7・3・3　トイレ空間を考える

トイレは，現代の建築インテリア空間においてはその施設を印象づける重要な要素である。例えば飲食店のトイレの個室は限られたスペースの中で化粧室機能もあわせもつことがあり，清潔感のある雰囲気を演出することが印象に残る店舗の個性にもつながる。清潔で使いやすいトイレは，掃除しやすい仕上がりでつくることが望ましく，メンテナンスのしやすさも考慮すると良いだろう。付帯設備としてトイレットペーパー等を収納する場所や，目立たない場所へ掃除用具置場を用意するなども重要な視点である。

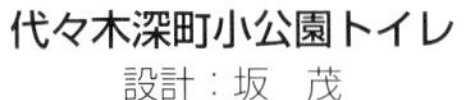

代々木深町小公園トイレ
設計：坂　茂

恵比寿公園トイレ
設計：片山正通／Wonderwall®

図 7・8　THE TOKYO TOIET

日本財団が渋谷区で実施する誰もが快適に使用できる公共トイレ設置プロジェクト（口絵参照）
（撮影：永禮賢，提供：日本財団）

worksheet 07　THINK ！トイレ空間の演出

気持ちの良いトイレ空間を考えてみよう。どんなトイレ空間ならお客様は満足するだろうか。壁・床・天井の素材感，洗面ボウル，水栓，鏡，手拭きタオル，アメニティ，照明，便器，ドア…今までに使用したトイレで印象に残ったものを想像してみよう。

第７章
exercise

〈３つの換気方式〉

【問題１】　３つの換気方式のうち，室内への汚染空気の流入を防ぐのに適しているのは[　　　]換気である。

1．第１種
2．第２種
3．第３種

〈洋式便器の節水〉

【問題２】　少ない水量でしっかりと洗浄できる，洋式便器の節水機能が注目されている。最新型の便器に取り替えることで水道水の使用量が減れば，[　　　]の排出も抑制される。

1．二酸化炭素
2．オゾン
3．フロンガス

《解説》

【問題１】　機械換気は送風機や換気扇などによって室内外に気圧差を作り出し，換気を行うものである。給気を機械で行う第２種換気は室内圧が正圧となることで，外部からの汚染された空気の流入を嫌う清浄室や，燃焼用空気が必要なボイラー室に採用される。

【問題２】　便器に温水洗浄機能が登場した1980年頃の一回の洗浄水量は13L 程度であったが，現在では５L 以下の製品も登場している。住宅の中で最も水を利用するトイレにおける節水は，二酸化炭素を削減し，地球温暖化の防止につながる。

《解答》

【問題１】　2　　【問題２】　1

第8章

インテリアと構造

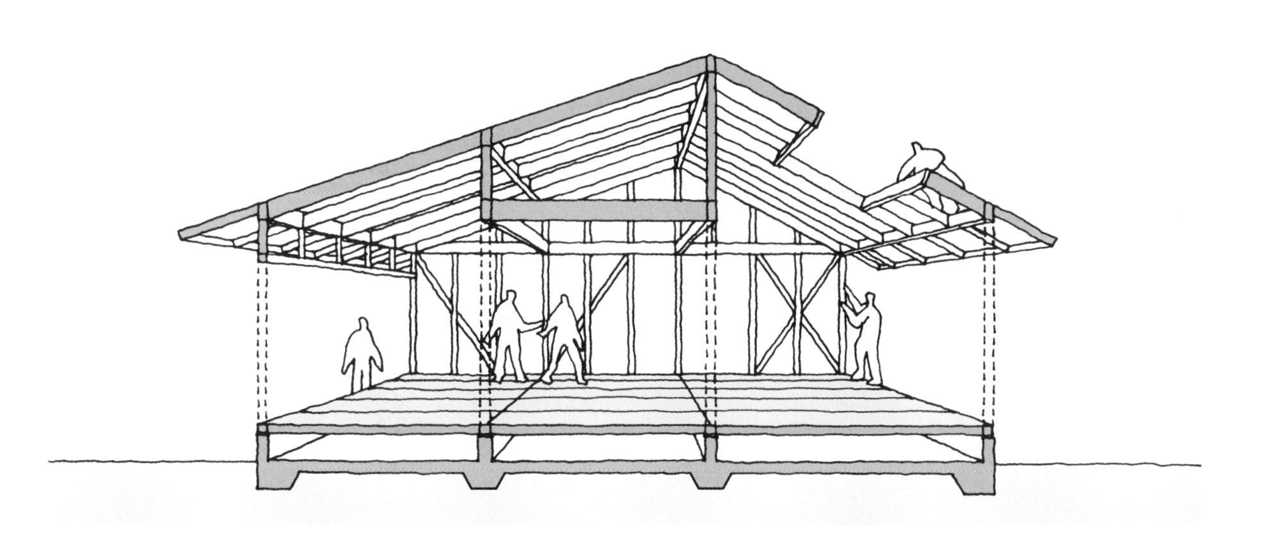

建築物の構造はインテリアデザインにとっての「敷地」です。
もともと隠れている構造をイメージできると，
インテリアに構造躯体を現すか，隠すかが検討できます。

◇この章で学ぶ主なこと◇

1　構造躯体はインテリアの「敷地」である
2　構造の種類を知る
3　３大構造（木造，鉄筋コンクリート造，鉄骨造）の特徴を理解する

8・1　構造躯体はインテリアの「敷地」である

8・1・1　現地調査＝建築構造の把握

ある敷地の上に建築物を建てる場合は，まず現地の調査を行う。周辺はどんな環境なのか，日当たり，人や車の往来，騒音などについて，可能であれば朝・昼・夜の状況を把握する。そして，どんな建物が良いかを検討する。建築設計においては最も創造的な行為であり，また設計者の腕の見せ所ともいえるだろう。

インテリアの仕事で現地を調査する際には，箱となる入れ物としての構造躯体がどのような状況なのか既存の状況を把握する必要がある。構造躯体だけで仕上げや下地板のない状態をスケルトンと呼ぶが，スケルトンとして構造躯体が現れている現場は状況を把握しやすい。しかし仕上げ材で覆われている場合は構造躯体がどうなっているのかを確認する必要がある。既存の図面がある場合は図面をもとに確認できるが，ない場合は天井裏や壁の下地を調査して実測図を起こす必要がある。

つまり建築物を建てる場合の「敷地」と同様にインテリアの場合は構造躯体がどうなっているのかを確認する必要があり，インテリアの設計をする際には，スケルトンの状態まで戻すか，それとも使える下地は活かすか，などを考える。また，構造躯体で撤去できる箇所がある場合は改修の提案に際し幅が広がる。建築の構造を知っておくことはインテリアの仕事をする上で良いことをもたらすことが分かる。

8・1・2　建築構造の考え方

建築物にはさまざまな力が加わっている。代表的なものは次の５つである。

① 固定荷重：建築物の自重
② 積載荷重：人間や物品などの重量
③ 積雪荷重：屋根等に積もった雪の重量
④ 風圧力　：風による圧力
⑤ 地震力　：地震時のゆれで生じる力

①・②は常に存在している力で常時荷重（または長期荷重）と呼び，③・④・⑤は一時的にかかる力なので臨時荷重（短期荷重）と呼ぶ。ただし豪雪地帯では積雪荷重も常時荷重と考える。

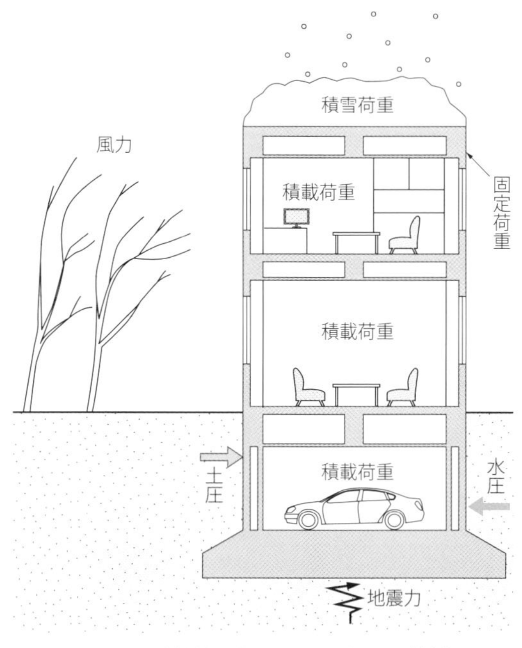

図８・１　建築物に作用する荷重および外力

これらの力を建築の「構造」がしっかりと支える。建築構造は骨組み・構造躯体と呼ばれ，建築基準法で強度や材質が決められている。また構造躯体は力を支えるだけでなく，火災に耐える必要がある。躯体そのものが火災に対して弱い場合は，火に強い材料で覆うなどの対応をする。また雨水等で腐食が起きないように金属板や板材，塗装などで保護する必要がある。

■コラム　構造設計者の頭の中は…

構造設計者は，主に建築物の安全性に直結する「強」の要素を担いますが，使い勝手（用）や美しさ（美）についても思考しながら実務を進めます。長期間に渡る構造躯体（ハード）と変化に対応するインテリア（ソフト）が円滑に噛み合う事が大切です。

■戸建て住宅鉄骨階段の設計

用，美を重要視する代表的なケースに，戸建住宅の鉄骨階段が挙げられます。見た目の美しさ，日々の使いやすさなど，意匠設計者や住人からの要望と，安全性のバランスを試行します。

図８・Aにより，利用者の重さによるたわみを確かめつつ，軽快な印象とするため，より細い部材を選択する事もあります。その際は振動の感じを事前に説明します。

■構造的視点

一枚の紙を山折するだけで，たわみが大幅に低減されます（図８・B）。これは，机上で体感できますが，建築物においても同様の方法で大スパンを飛ばす事ができます（図８・C）。また，細径材を重ねた架構で単純梁を掛けるよりも大きな屋根を構成する事ができます（図８・D）。これは，積木をヒントにしています。

バケツを持って腕を伸ばしてみましょう。肩付近の上側の筋が伸びます。一方，手摺を掴んで肘にバケツを掛けると，肘付近の下側の筋が伸びます。持ち方や水量を変えると，腕への負担の違いが感じられます（図８・E）。

日常生活において，建築や橋梁のかたち，構成を身近なものや身体で置き換えてイメージすると，新たな発見があるかもしれません。

森永信行／mono
2007 日本大学大学院博士前期課程修了／2007-2016 なわけんジム／2016- mono 設立

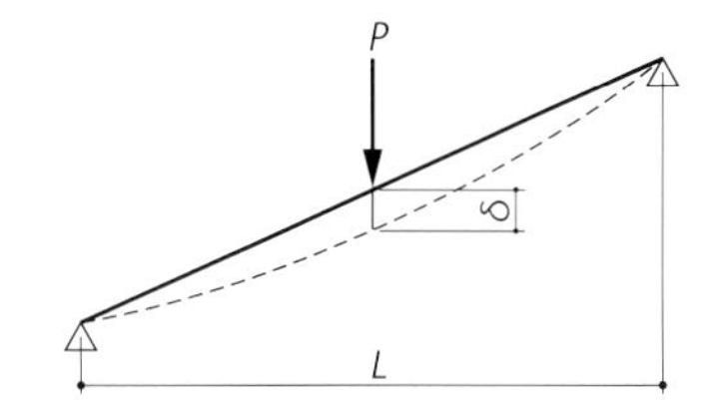

図８・A　階段の構造モデル化

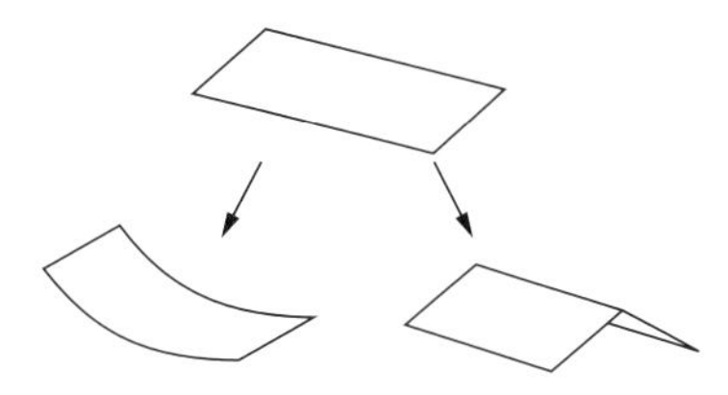
図８・B　山折りによる変形制御

図８・C　風の帰る森プロジェクト
（設計：PLANKTON　撮影：渡辺信介）

図８・D　強羅テラス
（設計：I. R. A）
（撮影：高橋菜生）

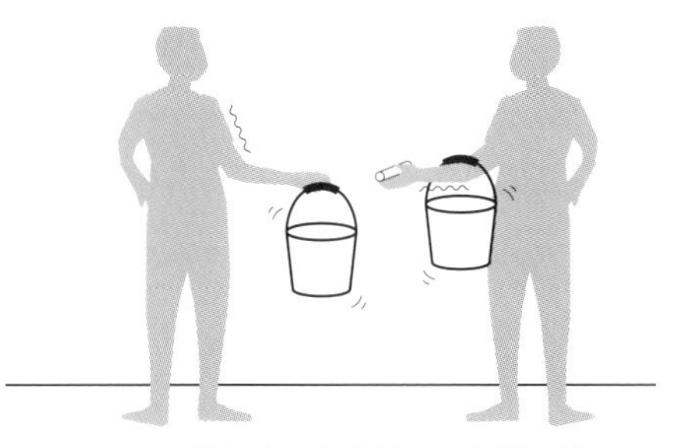
図８・E　持ち方による腕への負担の違い

８・２　構造の種類を知る

　建物の建設費は構造の種類によってどれくらい違いがあるのだろうか。住宅の構造別の建設費と着工棟数割合(%)をみると，木造で17.6万円（70%），鉄骨造で29.8万円（13%），鉄筋コンクリート造で32.0万円（16%）となっている。

【参考】 地域別・構造別の工事費用表（1m² あたり）令和３年度・東京都

　また，建物には減価償却資産の耐用年数というものが国税庁により定められている。その年数は構造の種類により異なっていて，木造住宅は22年，鉄骨造住宅は34年，鉄筋コンクリート造は47年と定められていて，この年数が経過すると建物の価値はゼロになる。例えば木造住宅では，新築から11年経過すると建物の「不動産的な価値」は半分になってしまう。

　この２種類のデータからどんなことが分かるだろうか。さまざまな視点から考えてみると良い。

　インテリアを学ぶ上で知っておきたい主要な構造について，特徴を図でまとめた。

木造　湿度の高い日本に古くからある。

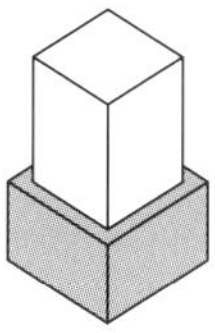

メリット
材料費が安価で軽い。
しなやかで加工しやすい。

デメリット
強度や耐久性では，ほかの建物構造に劣る。

鉄筋コンクリート造　火災に強く，耐用年数は長い。

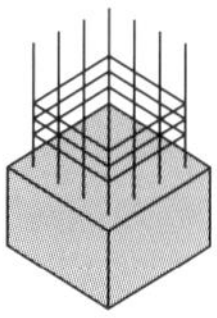

メリット
火災に強い構造。耐久性・耐震性に優れている。

デメリット
コストが高くなる。増改築や取り壊しがしにくい。

軽量鉄骨造　2階建ての戸建てやアパートなどに利用される。

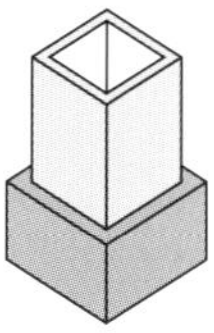

メリット
工場生産により安定した品質でコストを抑えられる。

デメリット
通気性・断熱性が悪く，カビや結露が発生しやすい。

鉄骨鉄筋コンクリート造　タワーマンションやオフィスビルに利用される。

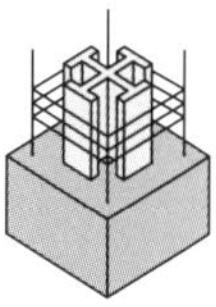

メリット
高い耐久性，柱や梁を小さくすることで，居住面積が広がる。

デメリット
工事が長期化してコストが高くなる。

重量鉄骨造　中高層マンションや大型店舗に利用される。

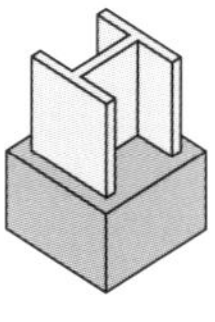

メリット
耐久性・耐震性が高く，広い空間を確保できる。

デメリット
厚みがますほど高額になる。重い。

コンクリートブロック造　外壁や倉庫などに利用される。

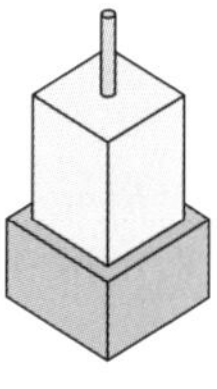

メリット
RC造よりコストを抑えられる。
独特の風合いを生かせる

デメリット
防湿性が悪い。
増改築が困難。
RC造より耐震性がある。

図８・２　構造の種類と特徴

8・3 木造

8・3・1 木造は尺貫法でつくられる

木造戸建住宅は時代とともに施工方法が少しずつ進化しており，大手ハウスメーカーでは独自の工法が用いられることもあるが，おおむね尺貫法（909mm または910mm の倍数で構成された間取り）が用いられることが多く，ベニヤ板や石膏ボードなどの板材は，3×6（さぶろく板：91cm×182cm）や4×8（しはち板：120cm×240cm）で構成されている。この尺貫法で展開される寸法体系のことを910モデュールと呼び，日本建築では古くからこの寸法体系が使用されている。例えば縦3,640mm×横3,640mm の部屋は畳８枚が敷ける基本的な大きさとなるが，縦も横も910mm の整数倍で成立していて，畳の寸法を縦横に展開していくと寸法がイメージしやすく間取りの計画が立てやすくなる。

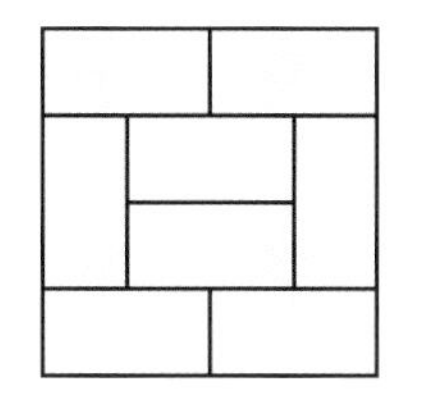

図８・３　畳の割付　８畳

Q. 畳の大きさは関西と関東では違うのはなぜだろう？

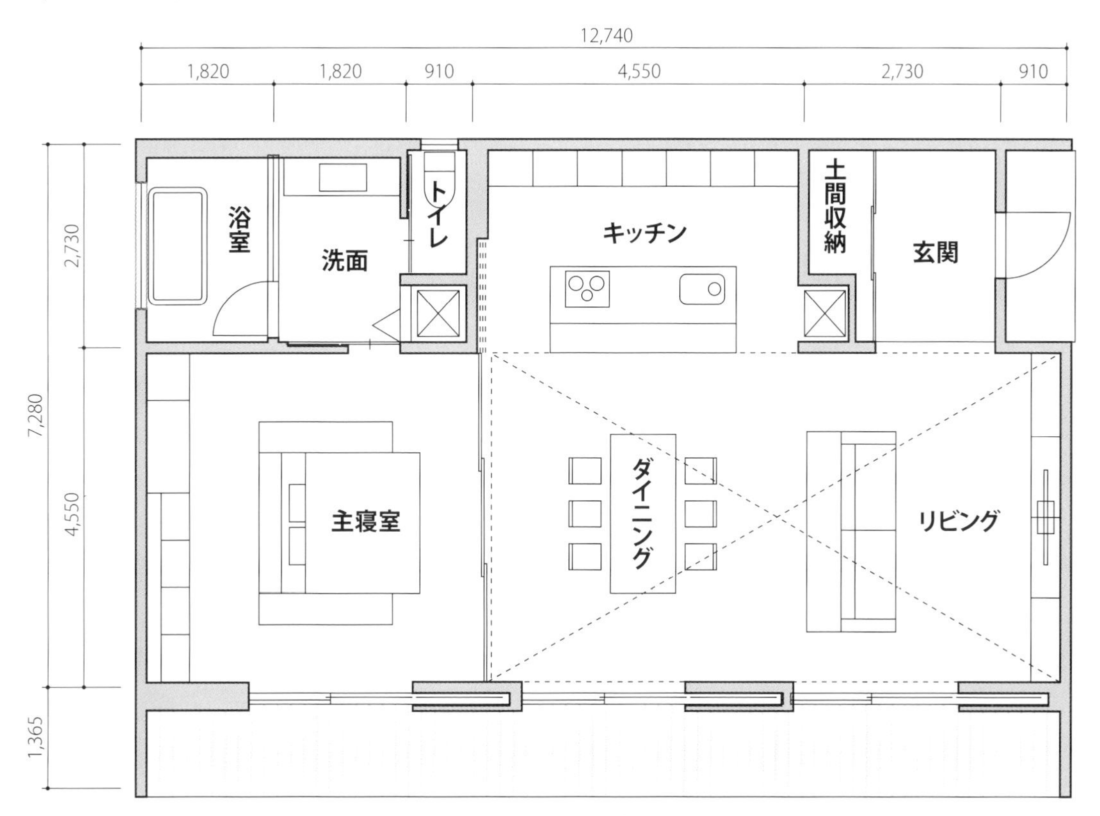

図８・４　910mm モデュールの木造住宅　平面図
（MUJI HOUSE　陽の家（縮尺：1/100））

8・3・2　木造の特徴

木造の特徴をまとめると以下になる。

・重量が軽い：他構造より材料の比重が軽い。
・加工し易い：現場での作業がしやすい。
・金物で接合：現場で接合しやすい。
・火災に弱い：燃えやすいので対策が必要。
・比較的安価：資材が安く加工がしやすい。

8・3・3　木造の構造の種類

木造の工法は大きく分けると在来軸組工法とツーバイフォー工法がある。

◆在来軸組構法

柱，梁などの角材で構成した構法で，地震力を筋交いや面材で受ける。コンクリートの基礎を土台と緊結し，屋根・床の荷重は柱を通じて基礎で支える。梁に大断面集成材を用いて無柱空間をつくる例も増えている。

◆ツーバイフォー構法（枠組壁構法）

北米の構法を輸入したもので，構造材は38mm×89mmのツーバイフォー材が基本である。日本での正式名称は「枠組壁構法」と呼び，壁パネルを搬入し，組み立てることで工期の短縮が可能な工法である。火に弱いため石膏ボード等の板材で囲う。

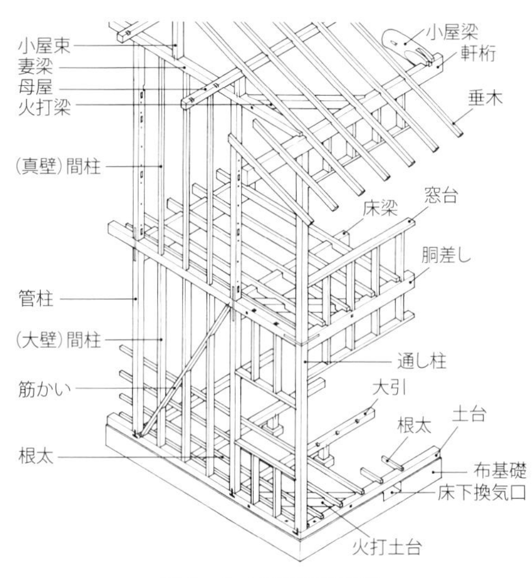

図8・5　在来軸組構法

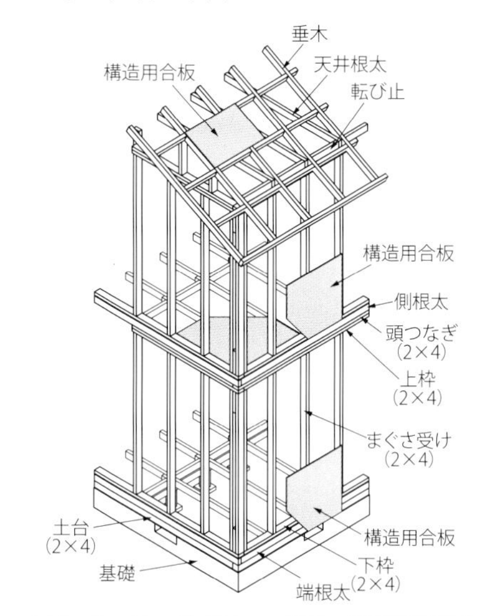

図8・6　ツーバイフォー構法（枠組壁構法）

worksheet 08　910モデュールを意識しながら畳の割付を考えてみよう。

（1畳＝910mm×1820mmで考える。縮尺1/100）

①4.5畳　　②6畳　　③12畳

8・4　鉄筋コンクリート造

8・4・1　鉄筋コンクリート造（RC 造）の特徴

RC（Reinforced Concrete）は「補強されたコンクリート」という意味である。一般的には工事現場に組み立てられた型枠に鉄筋を配置してコンクリートを流し込むことでつくられる。

鉄筋が引張力を負担しコンクリートが圧縮力を負担することで両者が補い合うことによりバランスが取れた構造となっている。

鉄筋コンクリート造の特徴をまとめると以下になる。

・耐火性，耐久性がある。
・耐震性能，耐火性能に優れる。
・重量が重い，振動しにくい。
・型枠形状で自由な形に造形できる。
・遮音性が高い：集合住宅などに向く。
・解体が困難。
・施工精度により性能に差が出やすい。
・固まるのに時間がかかる。

8・4・2　鉄筋コンクリート造の構造の種類

◆ラーメン構造：柱と梁，床スラブと一部の耐力壁で構成されている。柱と梁の接合部は鉄筋とコンクリートが一体になるため剛接合となる。

室内に柱梁が現れることが多く，家具の配置に制限が出ることがあるが，最近は「アウトフレーム工法」といって室外に柱梁を出す構造もあり，その場合は室内がスッキリする。

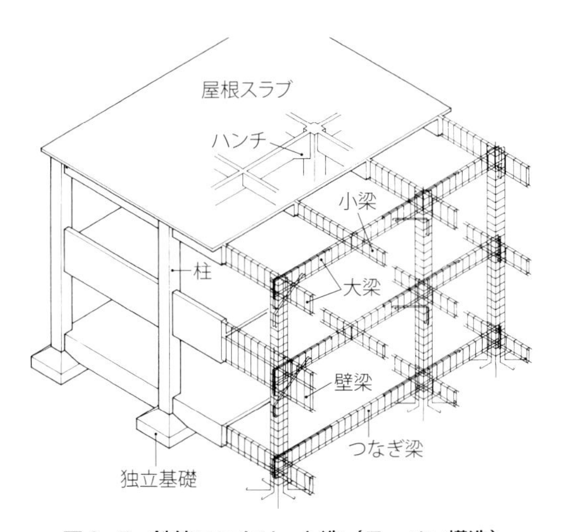

図 8・7　鉄筋コンクリート造（ラーメン構造）

【NOTE】

◆**壁式構造**：耐力壁と床スラブで構成される。柱・梁は室内に現れず面状の壁で構成されているため凹凸がなくスッキリした形状が特徴である。5階以下の低層集合住宅に適している。

図8・8　鉄筋コンクリート造の躯体
（提供：株式会社仲本工業）

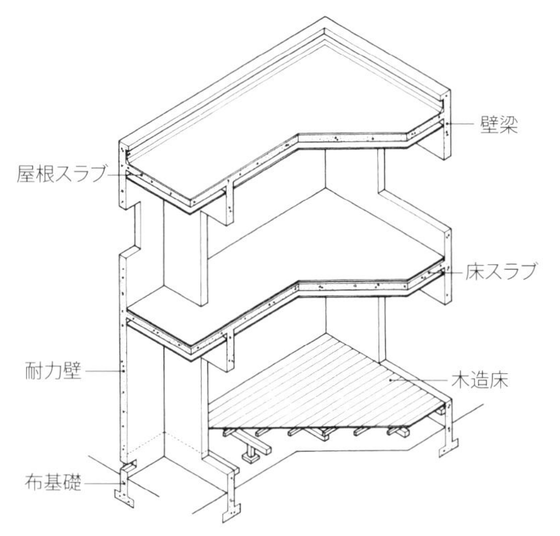

図8・9　鉄筋コンクリート造（壁式構造）

8・4・3　鉄筋コンクリート造のつくり方

コンクリートは，セメントと水，砂，砂利でできている。主成分となるセメントは，水と混ぜることで発熱を伴う化学反応をおこして硬化する。

発熱による温度差で発生するひび割れはコンクリートの品質が低下するため，骨材という砂や砂利を混ぜることで発熱を抑え品質を安定させている。セメントと砂（細骨材）と水を混ぜることでモルタルと呼ばれるペースト状の物体になるが，これは左官材料として一般的である。これに砂利（粗骨材）が混ぜ合わされることでコンクリートができあがる。

コンクリートは鉄筋と付着しあうことで性能が発揮される。鉄筋コンクリートは，鉄筋を組み型枠を設置してコンクリートを流し込み，しばらく水をまいてコンクリートが固まると型枠を取り外して躯体が完成する。鉄筋を守るようにコンクリートで固められている。

火事に対しては不燃材料であるコンクリートが鉄筋を守ることで耐火性能を獲得する合理的な構造である。

【NOTE】

8・5　鉄骨造

8・5・1　鉄骨造の特徴

鉄筋コンクリート造より軽量で，大スパン建築や超高層建築に適している。

・強度があり粘り強い
・部材は工場加工のため信頼性が高い
・リサイクル性が高い
・耐火処理が必要（耐火被覆）
・防錆処理が必要
・熱伝導率が高く結露対策が必要

◆耐火被覆

鋼材は加熱により500℃を超えると耐力が半減し，1000℃を超えると耐力が激減する。火災に耐える構造とするには鉄骨を被覆する必要がある。

◆鋼材の種類

重量鉄骨は1300℃程度に加熱された鋼材を延ばしてつくられ，さまざまな断面を持っている。

軽量鉄骨は，LGS（ライトゲージスチール）と呼ばれ鋼板を冷間ロール成型してつくられるものである。

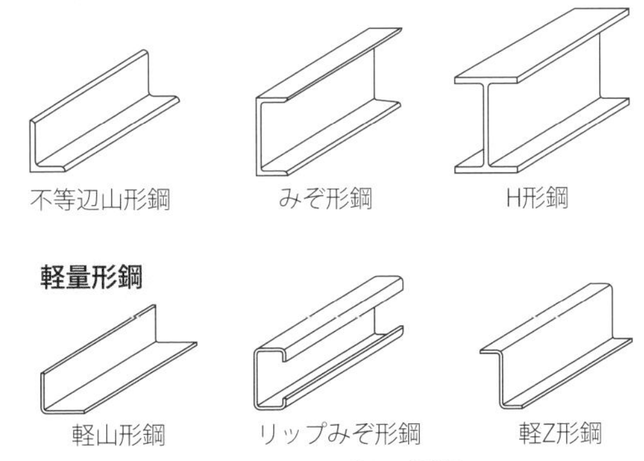

図8・10　形鋼の種類

8・5・2　鉄骨造のつくり方

重量形鋼で柱や梁をつくった上で，柱梁をボルト等で接合する。その後，軽量形鋼（または木造）で下地をつくる。

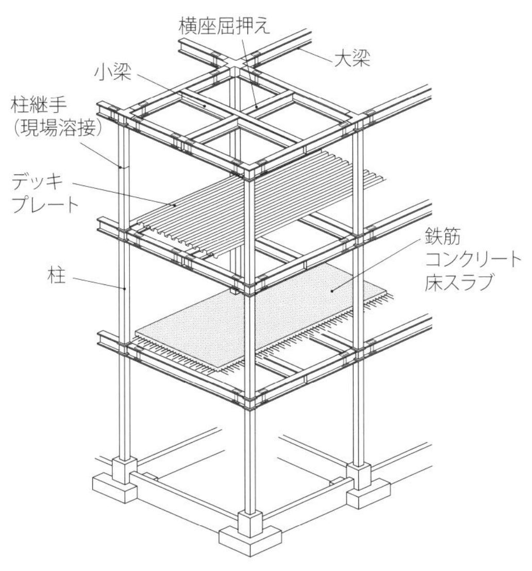

図8・11　鉄骨造の構法

図8・12　鉄骨建て方の例
（提供：株式会社仲本工業）

第８章
exercise

〈木造の耐震対策〉

【問題１】　在来軸組構法による木造住宅の耐震対策として，２階床組の隅角部に［　　　］を入れるか，床に構造用合板を張りつめた。

1．飛び梁
2．ろく梁
3．火打梁

〈RC 造ラーメン構造の特徴〉

【問題２】　ラーメン構造による鉄筋コンクリート造建物の平面には［　　　］が出るので，家具の配置に工夫が必要である。

1．そで壁
2．柱形
3．梁形

《解説》

【問題１】　在来軸組構法２階床組には，地震などの水平力に耐えるよう隅角部に斜めの構造材（線材）である火打梁を設ける。同じく１階床組には火打土台を設ける。また面材である構造用合板で剛性を高めることもできる。

【問題２】　ラーメン構造の平面計画を行う時には柱形による凹凸に配慮する必要がある。また同じく断面方向（高さ方向）の計画を行う時には，梁形の凹凸に考慮する。そで壁とは建物から外部に突き出た壁のことで，構造上・防音・防火または目隠しのために設ける。

《解答》

【問題１】　3　　【問題２】　2

第9章

インテリアの構法・工法と建具

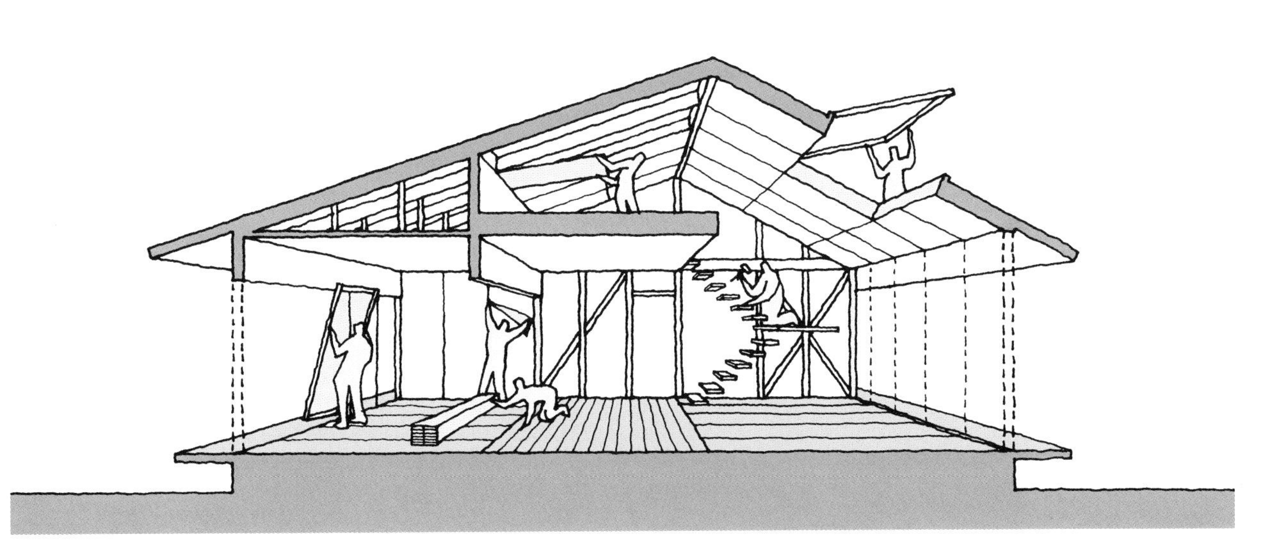

壁の中はどうなっているのでしょうか。
求められる役割によって材料は変わり，つくり方も変わります。
インテリアデザインは，つくり方と連動しています。

◇この章で学ぶ主なこと◇

1　構法と工法の違い
2　壁・床・天井の中身を知る
3　建具の機能と可能性を考える

9・1　構法と工法の違い

建築業界で使用されている構法，工法という言葉は，どちらも同じ「こうほう」という読み方であるが何が異なるのだろうか。建築分野での構法とは「建築の実体の構成方法」（建築大辞典第2版）と記されている。一方の工法とは「建物の組み立て方，つくり方，施工の方法」と定義されている。つまり構法とは建築を計画する段階で検討するべき「建築計画・構造計画」の内容であって，基本計画の段階でどんな構造で進めるのが適切かを判断して選択していくべき計画段階の方法論である。次に工法とは，構法として決定された方法を実際にどうやってつくりあげるのか，「施工計画」としてまとめた工事の方法論である。工期，手順，職人の技術，使用する材料費，搬入経路，安全管理など施工に関するさまざまな視点から総合的に判断されて工法が決定される。構と工，実際は混在して使用されている。

この章ではインテリア空間を構成する要素として床・壁・天井について求められる機能と構法を学び，また新たな可能性についても考える。重要な要素として建具についても概要を把握する。

9・2　壁・床・天井の中身を知る

9・2・1　壁

◆壁に求められる性能

インテリア空間で，視界内の大きな面積を占める壁は，視覚的に人に与えるインパクトが大きく重要な構成要素である。ここで壁の主な機能を整理すると，何かから「遮断すること」である。屋内外を区切っている外壁では，耐風圧・耐雨水・耐震・断熱・遮熱・耐火・遮音性などの性能が求められる。また屋内の部屋同士を区切る間仕切り壁には，特に耐火性や遮音性の性能が求められるため，建築基準法や消防法で使用する材料が制限される場合がある。

◆壁の構法

壁の構法は，下地となる構造の種類により変わるが，主に木造・鉄骨造の構造に対しては，構造躯体に軸組を設けて板材を貼り，そこに仕上げするのが一般的な構法となる。一方でRC造では，コンクリート壁に直接仕上げを施すもの，下地軸組を組んで板材を貼り仕上げるもの，そして石膏ボードを張りつけるGL工法がある。GL工法（Gypsumは石膏，Liningは裏貼り）とは，石膏ボードを特殊なボンドで貼り付ける工法である。

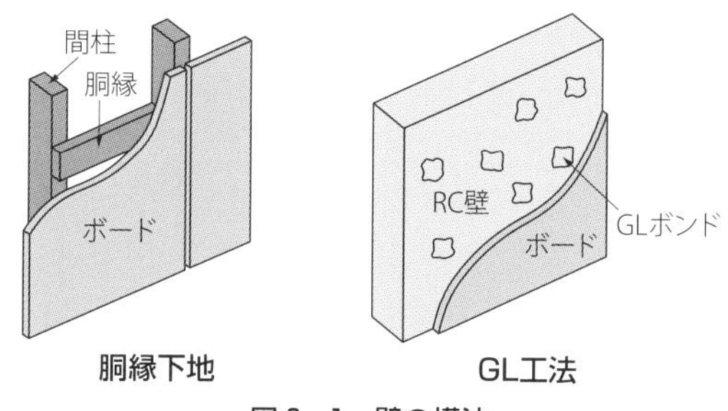

図9・1　壁の構法

◆壁の仕上げ

壁の仕上げ方には，湿式工法（水を含んだ不定形の材料で面を形成し乾燥させる工法）と乾式工法（パネル・ボード等を用い，釘，接着剤，ねじ等を用いて取り付ける工法）がある。

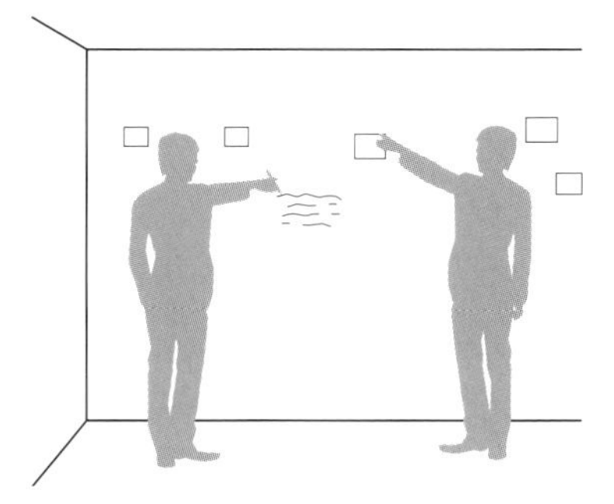

図9・2　書ける壁

◆壁の可能性

視界の大半を占めている壁は，その素材を透過性のあるガラスに変えると視界が広がる。音は遮るけれども視線は抜けているので，オフィスなどに使用されている。フィルムを部分的に貼ることで中の様子が少し見えるけれどもお互いが視線が気にならない程度の雰囲気がつくり出せる。また，石膏ボードなどの板材の壁に特殊な塗料を塗った壁は，ペンで直接書き込むことができ，自分の意見を記述したコミュニケーションツールとして活用することができる。プロジェクタを投影してスクリーンとして活用することでミーティングができる場所をつくりだすことも可能である。また，壁の一部をへこませて照明を仕込んで展示棚として活用している例もある。提案次第でさまざまな可能性がある。

9・2・2　床

◆床の機能

床は，人や家具などを支えている水平の面である。下階や床下を区切り，音や空気を遮断している。オフィス等ではフリーアクセスフロア，マンションでは床衝撃音が下階に伝わらないような置床がある。

床の機能としては強度・剛性の他に，断熱性，防水性，防音性が求められる。

また仕上げとなる床の表面には，転倒しにくさ，掃除のしやすさ，用途により肌触りの良さが求められ，畳から石張りまで多種多様な材料がある。そのため一概に性能をまとめることは困難であるが，求められる用途に合わせた素材を選定する上で，仕上げ材の性能から色の選定までさまざまな視点から検討する必要がある。

◆床の構法

スラブの上に木材や鉄骨を用いて空気層をつくり，その上に床を構成するものを乾式工法と呼ぶ。一方，スラブの上に直接仕上げをするものを湿式工法と呼ぶ。

乾式工法は，床下に空間があることで配管や配線が容易に行える。また空気層があることで断熱性に優れている。湿式工法は，床組が必要ないので天井高さを確保するのに有効で大きな荷重に耐え，きしみが生じにくいのが特徴である。

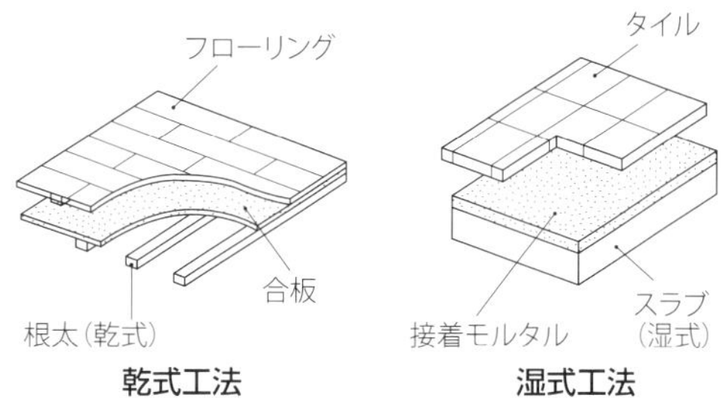

図9・3　床の構法

木造住宅の床では，根太をなくして厚みのある合板を床板に用いた根太レス工法というものもある。根太をなくすことで木材が減り，施工手間が減るため工事費が削減できるが，一方で太鼓のようになり騒音・振動が起きやすくなるという短所もある。

◆床の仕上げ

床の仕上げには多くの種類がある。水がかり部には防水性，耐水性のある素材とそれにふさわしい工法が，運動する部屋の床には衝撃に強く揺れにも強い工法が求められる。どんな使い方をするかをあらかじめ充分に調査し検討した上で，床の仕上げとそれに適した工法を用いるよう注意が必要である。

9・2・3　天井

◆天井の機能

図9・4　ギャラリー・ラファイエット（パリ）

パリ中心部にある百貨店ギャラリー・ラファイエットは20世紀初頭のアールヌーヴォー建築であり，大型の吹き抜けを持っている。天井部にはステンドグラスのドームがあり，空からの光が降ってくる姿は大変印象的である。

天井は，歴史的にみても教会などで天井画を見せることは多く，日本建築では権力の象徴を表現するために天井を折り上げて高くする格天井というものがある。一方で，空間を包み込み，やわらかな印象を持つ天井もある。もちろん照明やトップライトからの自然光を反射・拡散させたり，音を反響させたり，といった機能的な側面もある。

意図的に構造部材を見せる場合を除いて通常は天井が張られるため，天井と屋根または上階の間には空間がある。機能的には防塵・遮熱をはかるとともに設備配管スペースも兼ねている。

また，天井には設備機器が多数現れてくる。例を挙げると，照明器具，空調吹き出し口，換気口，火災報知器，スプリンクラー，点検口，非常用照明，避難誘導灯，防犯カメラ，センサーなどで，配線取付工事をする業者も多岐にわたる。キレイな天井をつくるには，設計者がこういった設備機器の配置を設計時に考慮する必要がある。

図9・5　名古屋城本丸御殿（上洛殿）折り上げ格天井

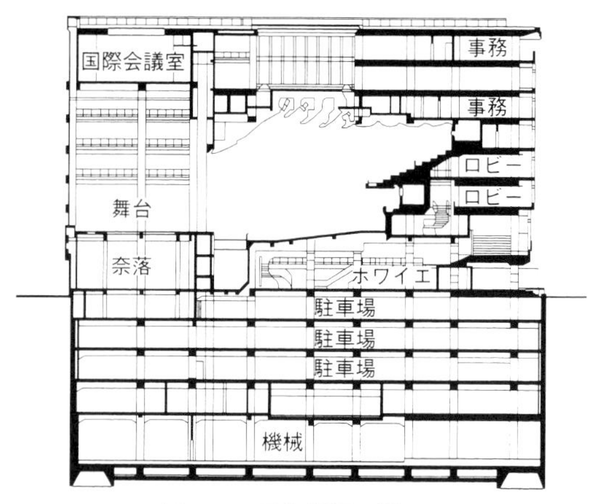

図9・6　日生劇場の断面図

◆天井の構法

天井は，構造的な制約が少ないために自由な形状も多くさまざまな表現が可能になる。そもそも構造部材をそのまま見せてしまうという化粧天井などもあるが，一般的には吊り材を配置して板材を張りこむ。

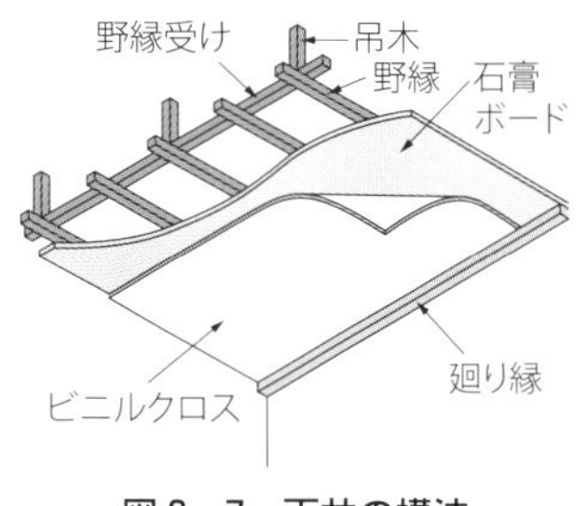

図9・7　天井の構法

吊り材は鉄骨造やRC造では軽量鉄骨の材料が使用される。東日本大震災で吊り天井の落下被害が大きかったため，ある規模以上の天井には2014年施行の建築基準法施行令改正で脱落を防止する措置が定められた。

◆天井の仕上げ

6章で述べたフラッターエコーを起こしにくくするには，床の衝撃音を天井で吸収するために仕上げ材に吸音性のある材料を用いる必要がある。

9・3　建具の機能と可能性を考える

9・3・1　開口部・建具

図9・8　バッタリ

京都の町家建築にはさまざまな建具が用いられているが，街路側に対して開放的にするための工夫がある。通りに対して格子戸が設けられる場合が多いが，格子戸の外側下方には，バッタリと呼ばれる格納式で折り畳みできる腰掛けが設置されることも多い。

建築物の屋根や壁に開けられた開口部には，引き戸や開き戸など木製，金属製，樹脂製でできた建具が取り付けられている。その機能は，壁・屋根から遮断させていた物質を透過させることにある。例えば窓では，冬の日ざしは採り入れたいけれども夏の日射は遮りたい，外の景色は見たいけれども外からの視線は遮りたい，という要求がある。その要求に対して建材メーカーは断熱・遮熱性能に特化した商品をつくりだし，省エネルギー社会へ貢献している。外部の開口部につく建具を外部建具，室内の建具を内部建具と呼んでいる。

9・3・2　外部建具の種類と名称

外部建具には設置される場所に応じた名称・通称がある。どんな場所に設置されているのかを想像してみよう。

天窓，高窓，地窓，出窓，掃き出し窓，コーナー窓

下記は使用用途と開き方に応じた名称である。形状や開き方をイメージしてみよう。

片開き戸，観音開き戸，片引き戸，両引き戸
上げ下げ窓，引き違い窓，すべり出し窓（縦・横），倒し窓（内・外），開き窓（片・両），突き出し窓，引き込み窓，片引き窓，ジャロジー窓，はめ殺し（FIX）窓

9・3・3　外部建具の可能性

インテリアでは，屋外との接点としての開口部は，外の風景を切り取るフレームとなり室内に光と風を呼び込む重要な要素である。窓の近くに家具を置くことで窓辺のくつろぎ空間が出来上がる。大きな出窓は座ったり寝転んだりできるベンチにもなる。窓辺の風景が豊かになると印象的なインテリアがつくりやすくなる。

9・3・4　内部建具の歴史

平安時代末期に書かれた源氏物語絵巻「東屋」には開け閉めできる「襖（ふすま）」が描かれており，すでに内部建具が貴族の住居に登場していたことが分かる。

江戸中期以降の民家の平面図を見ると，木製建具の引戸を開け放つと隣り合った部屋は続き間となって大広間が生まれ，宴会や法事などで大勢の人を招き入れることが可能になっていた。このようにして，日本家屋は昔から建具を効果的に用いてきた。

9・3・5　内部建具の構法

木製建具の中でも障子・ふすまは，日本では一般的であり，寸法が規格化されている。また格子を上げ下げできる雪見障子をはじめとしたさまざまな種類のものが用意されている。障子紙は和紙の他に耐久性が良く光を透過するアクリル製を使用することもある。

引戸・開き戸は，反りのない合板や大判のボードを使用したものを木枠の両側に張り付けるフラッシュ戸が多く用いられる。

金属製建具は耐久性が良く強度も強いスチール製，または軽量なアルミニウム製が枠材として用いられる。面材には鉄板，アルミ板，ガラス板等が使用される。

丁番，金物は，建具の動きを微調整できるものが多数販売されている。その他，錠や取手・レバーハンドル，鍵，戸当たり，クローザーなど部位・使用用途に応じた多様な金物が用意されている。特に施錠方法は従来のシリンダー錠の他に，暗証番号型，カード型，スマートキー型，指紋認証型，がある。

9・3・6　内部建具の可能性

内部空間の建具は，隣り合う部屋同士を仕切るだけではなく，光・明かりや気配などの見えないものを通してつなぐこともできる。設計次第で壁にも窓にもなるという内部建具は，特に限られた面積でインテリア設計を行う際の重要な構成要素になっている。

建具を設置する注意点として，建具が可動す

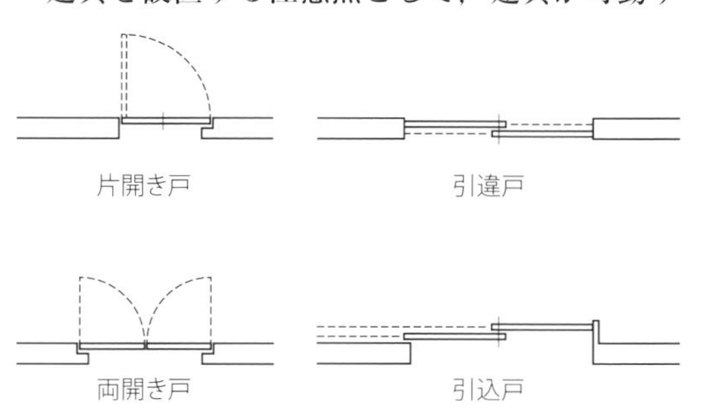

図9・10　建具の軌跡

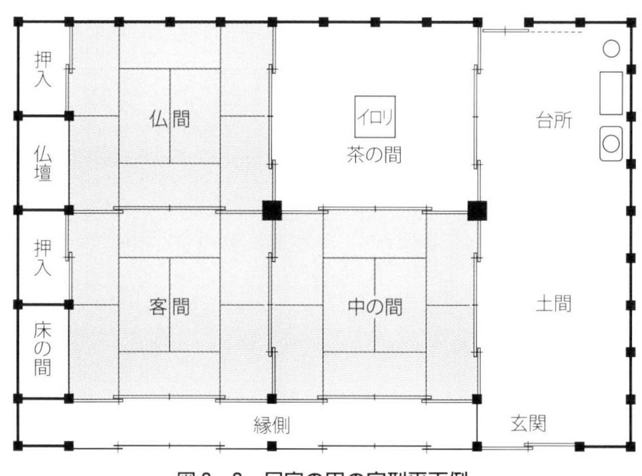

図9・9　民家の田の字型平面例

る軌跡を検討する必要がある。回転扉は開き方向に障害物があると開閉に支障をきたす。また引き戸においては開けた時に戸が残る位置を検討する。

壁のような大きな建具を用いることで空間を仕切ることができ，生活の変化に対応できる。

建具を構成する框（建具の枠）や面材，取っ手・引手・つまみ，丁番など金物類の素材感をインテリア空間の雰囲気に合わせると，空間に統一感が出る。

自室の建具に注目してみる。もし位置や開き方が変わったら，部屋の使い方がどんな風に変化するだろうか。

■worksheet 09

*Q*1. 住宅の玄関扉は日本では外開きだが，欧米では内開きである。欧米では防犯上の観点で内開きになっている。なぜだろう。いろいろな視点から考えてみよう。

*Q*2. 日本の住宅では玄関扉は外開きが多いが，ホテルの客室への入口扉や小規模なオフィスの鉄製の入口扉は内開きであることが多い。なぜだろう。

■コラム　リフォームの可能性

近年，空き家が増加している。なかでも木造アパートの老朽化に伴う空室化は，物件オーナーの頭を悩ませている。ここでは，解決策として1つの例を示す。

「モクチンレシピ」は，NPO法人CHArが提案する改修方法である。築年数の古い賃貸物件の物件オーナーや不動産会社に対して「既存を活かす改修アイディア」を提供し，物件の収益性の向上，他物件との差別化を支援する。「空室が埋まらず家賃を下げる」，「改修費用がなくて納得のいく改修ができない」，「空室を埋めたいけど何をしていいかわからない」，といった悪循環から抜け出すことを期待している。築年数の古い物件に魅力を取り戻すことができ，入居者にも喜んでもらえ，持ち主にとっても嬉しい。モクチンレシピは「少しの予算」と「くふう」で，築古賃貸物件の魅力を生み出す道具である。

ストックの時代には，建物の寿命を延命させるだけでなく，価値を向上するための取り組みが欠かせない。

また，新築する際にも良いものは長く残っていくことを意識して計画するとよいだろう。

図9・11　モクチンレシピ

第9章
exercise

〈壁と床の取り合い〉

【問題1】 壁と床が取り合う部分には，壁の下部が損傷したり汚れたりするのを防止するために，［　　　］が設けられる。

1．蹴込板
2．幅木
3．回り縁

〈バリアフリー対策と建具〉

【問題2】 車椅子を使用する住宅の出入口などの家具は，開口部位により適当な開閉方法や機構などを用いる必要がある。リビングルームや寝室などの出入口には［　　　］が使いやすい。

1．引き戸
2．開き戸
3．折れ戸

《解説》

【問題1】 幅木の役割は施工後に部材の収縮やそりで壁と床の取り合い部に隙間ができないようにする役割もある。「蹴込板」は階段の段板と段板をふさぐ板のこと。「回り縁」は壁と天井が取り合う部分に設けられる。

【問題2】 開き戸や折れ戸は車椅子の使用者にとって開きにくく，通り抜けた後も閉めにくい。開閉しやすくかつ広く開放できる引き戸が望ましい。

《解答》

【問題1】 2　　【問題2】 1

第10章

インテリアの素材と仕上げ

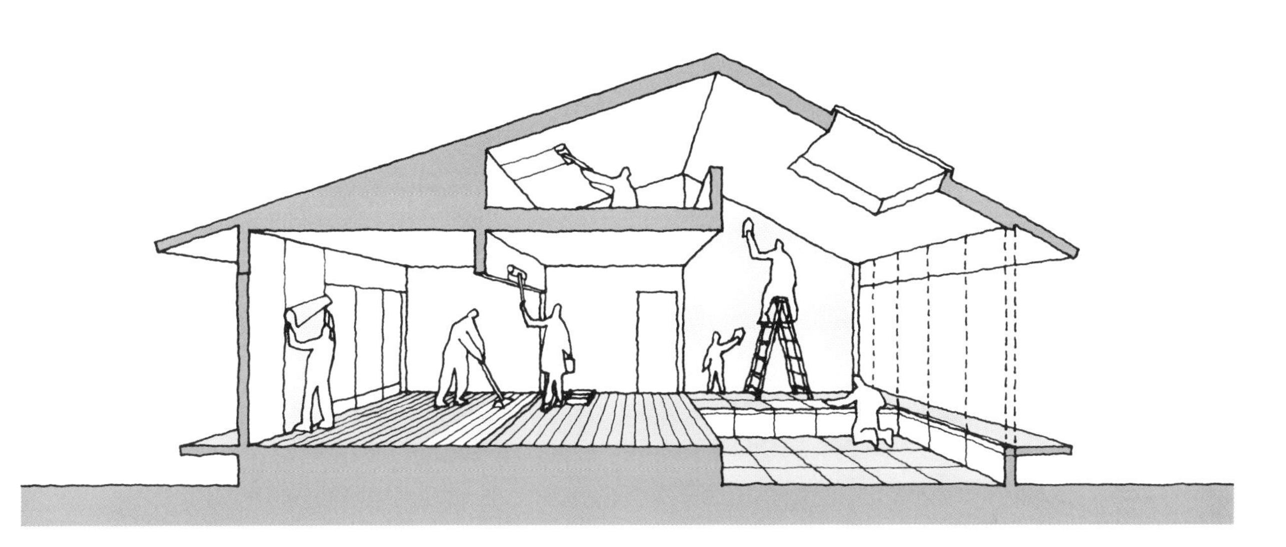

空間の仕上げはその場所を印象づける重要な要素です。
求められる役割と雰囲気にあったものをコーディネートする
能力がインテリアデザインの仕事に求められます。

◇この章で学ぶ主なこと◇

1　いろいろな素材がある

2　仕上げに求められる機能と方法

3　リフォーム工事の考え方

10・1　いろいろな素材がある

インテリアにはいろいろな素材が使われている。床，壁，天井，そして建具，カーテン，家具や装飾品に至るまで，さまざまな材料が使用されており素材の種類は多様である。また，1つの素材に対しても仕上げの方法が違うとその表情も異なり，その素材を活かせるかどうかはつくり手の技量によるところも大きい。

どんなイメージの空間が良いか，そしてその空間にはどんな素材が適しているのか，イメージすることと実際の素材サンプルを見て触ることを行ったり来たりして考えることが大切である。この章では，素材の歴史と分類の考え方や仕上げの機能について把握し，施工方法について学ぶ。

10・1・1　建材の歴史

建築・インテリアの分野で使用される建築材料のことを建材と呼ぶ。まず歴史的にどのような建材が使われてきたのかをみてみよう。

大昔から，人類は木材，石材，土を建築材料に用いてきた。特に日本では木材を活用してきた歴史がある。一方，ヨーロッパなどでは建築物に石やレンガが多く使用されたことは有名で，エジプトのプラミッド，ギリシャのパルテノン神殿，ローマのコロッセオは石材の積み重ねでできている。板枠の間に土を突き固めたて板を外すと「版築」という壁ができるが，古くは中国の万里の長城にも使用されている。

レンガは乾燥させた日干しレンガに始まり，強度を持たせるために焼きレンガへと移行した。中世ヨーロッパでは教会建築物のほとんどが石でできているが，石工という職人が支えてきた。

セメントを水とともに砂や砂利を加えて一体化したコンクリートは，ローマ時代から存在していた。圧縮力には強いが引張には弱いというコンクリート造の歴史は海外で長く続いているが，鉄筋が入った鉄筋コンクリート造が日本に導入されたのは20世紀に入ってからになる。

内装に使用される建材については，石膏ボード，合板などは明治時代以降に製造された。その後，石油系の樹脂系建材が増え，塩素系の化学素材として塩化ビニル製の建材が多く生まれた。なお建築廃材は産業廃棄物として処理されるが，地球環境に配慮して廃材をリサイクルする木材は，バイオマスエネルギーなどに利用されている。

10・1・2　建材の分類の考え方

インテリアに使用される多種多様な建材・素材について，以下の３つの見方で分類してみる。

（1）使用される機能で分類する

・構造材：構造躯体に使う材料
　木材，鉄骨材，鉄筋コンクリート，コンクリートブロック，他
・仕上材：外装材，内装材
　サイディング，鋼板，他多数
・補助材：構造材，仕上材以外の材料，塗料や接着剤
　断熱遮熱材，下地材，防水材，音響材，防火材，他

（2）使用される部位で分類する

・屋根　：瓦，コロニアル，鋼板，シート防水，他
・壁　　：壁紙，木板，化粧シート，他
・床　　：フローリング，塩ビシート，タイル，他
・天井　：化粧石膏ボード，木材，クロス，他
・建具　：アルミ材，樹脂材，鋼材，木材

・ひさし：鋼板材，アルミ材，屋根材，ガラス，他
・手すり：木材，金属材，樹脂材
・階段　：木材，金属材，ガラス，塩ビシート，他

（3）素材の成分で分類する

・石材：大理石，凝灰岩，花崗岩，安山岩，流紋岩，砂岩，粘板岩，石綿，人造石
・土，砂系：土，泥，粘土，モルタル，セメント，コンクリート，日干しレンガ，石膏，漆喰
・粘土：粘土焼成品，レンガ，瓦，タイル，他
・木材：広葉樹，針葉樹，集成材，下地材，仕上げ材，合板，繊維材，銘木，他
・植物繊維：わら，葦，イグサ，パピルス，麻，等
・鉄鋼材：線材，棒鋼，形鋼，鋼管
・非鉄金属材：銅，真鍮，アルミ，他
・ガラス材：窓用ガラス材，壁用ガラスブロック，他
・高分子材：プラスチック，ゴム，合成繊維，人工大理石，アスファルト，塗料，接着剤

10・1・3　建材の特徴

ここでは代表的な建材の特徴を確認してみる。身のまわりの素材が選ばれた理由を考えるきっかけになるだろう。

◆木材

・長所：熱を伝えにくい，調湿性あり，結露しにくい，軽くて強い，木目が美しい，暖かく柔らかい。
・短所：燃えやすい，腐りやすい，強度が一定でない，反り・割れなど変形がある，乾燥が必要。

また，一般的に針葉樹はやわらかく直線的な材を得られやすく，広葉樹は硬いものが多い。

木目は板の取り方で表情が変わる。

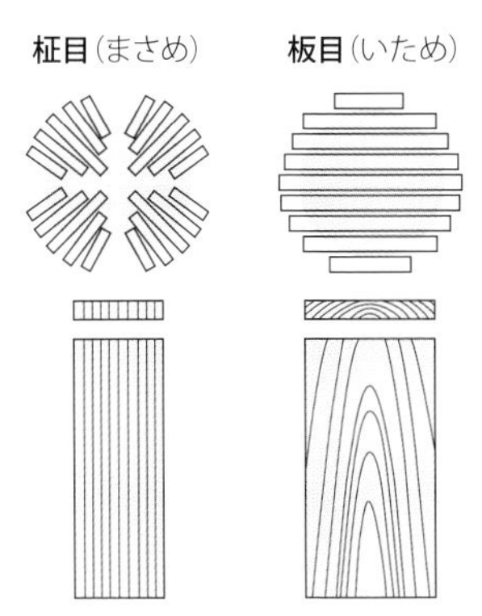

図10・1　木取り（板目と柾目）

◆木質系材料

小さな木の破片，または薄い板等を接着剤で貼り合わせて大きな部材にしたものをエンジニアリングウッドと呼び，LVL，集成材などの構造部材や，合板，MDF，OSBなどの板材がある。工場で製作されるため，同一寸法で品質にくるいが少なく，加工もしやすい。（口絵参照）

また，美しい木目を大きな面で使用したい場合は，天然木を薄くスライスしたもの（突き板）を合板に張った化粧合板を用いる。内装制限を受ける壁に使用したい場合，不燃認定を取得した天然木シートを用いることが多い。

◆金属材料

工場で製作されるため，精度が高く性能にばらつきが少ない。鉄に炭素を混ぜて強度を調整する。錆びないように酸化被膜が形成されるのはステンレスで，さまざまな表面処理が可能で，キッチンの天板やレンジフードなどに使用される。

アルミニウムは錆びにくく加工性が良いのが長所であるが，溶接が難しいため接合方法を検討する必要がある。L字やコの字の部材を役物と呼び，素材同士の縁を留めたり家具の取手に使用したり，と汎用性が高いのが特徴である。

銅は徐々に緑青色へと錆びが発生する。日本では寺社仏閣の屋根に使用されることが多く，目にすることも多いだろう。

◆石材

欧州の建築物では一般的な建材だが，日本では仕上げ材としての使用が多い。重量があり加工がしにくく，また割れやすいこともあり他の材料より価格も高価だが，見た目の重厚感と表情は空間に圧倒的な存在感をもたらす。

表面加工を水やバーナー，たたきや割肌(わりはだ)といった技法で仕上げると，さまざまな表情を出すことが可能である。

◆タイル

焼く温度により磁器質，せっ器質，陶器質の３つに分けられる。磁器質タイルは吸水率が低く，水回りの使用に適する。一方，陶器質タイルは発色が良くさまざまな色を使用できるが，吸水率が高く床に使用する場合は注意が必要である。特にテラコッタタイルは暖かみのある色味で人気があるが，染みができやすいので表面にコーティングするのが良い。

石調やレンガ調など，質感を再現した○○風タイルが数多くつくられており，メーカーからサンプルを取り寄せ，好みのものを探すのはクライアントにとって楽しい時間である。タイル貼りは目地を入れることで施工しやすくなるため，DIY で貼る人も増えている。

◆ガラス

均一な厚みと透明感で開口部や間仕切り壁，家具などに使用される。開口部に防火性が要求される場合は，網入りもしくは防火ガラスを使用し，ガラス戸で衝突が懸念される場所などは強化ガラスが用いられる。

また，鏡やガラスブロックなど特徴的なガラス製品もあり，インテリアの計画をする際に効果的に使用することで設計の幅が広がる。

◆塗料

塗料は，見た目を良くするだけでなく塗るものを保護するという大事な役割がある。塗る場所（壁，床，天井，家具など，下地の種類），部屋の状況（高温多湿か？，風雨は？，直射日光は？，粉じんは？他），ツヤ（ツヤあり，半ツヤ，ツヤなし），などさまざまな条件を確認して，適切な塗料を選択する。室内では有害物質や匂いの少ない水溶性のものが一般的である。

◆左官

住宅では健康志向のクライアントが増え，シックハウス問題や自然素材への注目が集まる中，珪藻土や漆喰の壁が流行している。特に漆喰は多孔質構造で吸放湿性能が高いため湿気を吸収してくれるので，夏は涼しく冬暖かく，また強アルカリ性のためカビは発生しにくくなり，クローゼットの壁などにも有効である。

◆樹脂系材料

石油を原料とした合成樹脂が発展したことでさまざまな内装用材料が生まれた。たとえば壁紙は，ビニルクロスと呼ばれていてポリ塩化ビニルが主原料である。プラスチック系の床材にはシート状のものとタイル状のものがあり，クッション性の高いシートは住宅の水回りに広く使用されている。

◆繊維材（布・じゅうたん・カーペット・カーテン）

天然繊維（綿，麻，絹，羊毛，カシミヤ等）は肌触りが良く親しみがある一方で，自然素材のため虫に食われやすい。化学繊維（アクリル，ナイロン，ポリエステル，レーヨン等）は安価で大量生産が可能であり耐久性もあるが，燃えやすく静電気が発生しやすい。カーペットは歩行した際に柔らかで吸音性に優れる一方で，水分の汚れや埃などの掃除しにくく，水がかり部分では使用されない。

カーテンは遮光・目隠しなどを目的に開口部へ設置する。また，素材・色彩やプリーツという「ひだ」について検討する。床面積が取りづらいコンパクトな平面計画の場合は，クローゼットの建具の代わりに用いたり，水回りや寝室などの目隠し・間仕切りとして用いることもある。

◆紙材，畳

日本では元来，自然素材を用いて住宅をつくってきた。和紙は光をぼんやり通す障子や，ふすまといった建具に使用されてきた。古くから茶室の壁や天井にも使用されることもあった。畳は，床面積が小さい日本家屋では食事・団欒をしたり布団を敷き睡眠するための部屋に最適な床材であり，調湿性に優れ，独特の香りも好まれている。

【NOTE】

10・2　仕上げに求められる機能と方法

10・2・1　仕上げに求められる機能

仕上げには普段目にして，あるいは触れている素材として感覚的なものが求められる。一方，利用するうえで必要な側面として使用される場所に求められる機能・性能について把握していく。

◆床の仕上げに求められる機能

床は荷重に耐えなければならないため，構造的な強度が求められるとともに，さまざまな機能が求められる。

・耐摩耗性（すりへりにくさ）
・耐衝撃性（落下物に対する強さ）
・耐水性・防水性（浸透しにくさ）
・防滑性（すべりにくさ）
・断熱性（下地熱の伝わりにくさ）
・保温性（熱伝導性の低さ，空気の多さ）
・遮音性（音の伝えにくさ）
・耐変色，耐褐色性（経年の変化しにくさ）
・耐汚性（汚れにくさ）
・清掃性（掃除のしやすさ）
・防塵性（ほこりの立ちにくさ）
・歩行性（歩きやすさ）
・クッション性（ケガのしにくさ）

さらに，工場や病院の手術室，住宅のキッチンなど場所によっては求められる性能が変わる。どのような仕上げが適しているか，考えてみよう。

◆壁の仕上げに求められる機能

壁の仕上げには，床ほど多くの機能を求められないが，施工される場所ごとにイメージすると良いだろう。下記に挙げられた機能のすべてを満たすのではなく，優先順位をつけると良い。

・防火性（内装制限を受ける居室　11章参照）
・防水性（飛びはねた水のしみこみにくさ）
・防汚性（落書きなどの消しやすさ）
・防カビ性（汚れのつきにくさ）
・遮音性，吸音性（音のもれにくさ）
・断熱性（ある程度の熱の伝えにくさ）
・調湿性（湿度の調整しやすさ）
・耐衝撃性（衝突への壊れにくさ）

◆天井の仕上げに求められる機能

天井の仕上げは，普段手に触れることはなく求められる性能も床や壁より少なくなる。

・断熱性（熱の伝えにくさ）
・遮音性，吸音性（音の反射しにくさ）
・防露性（結露のしにくさ）
・耐火性・防火性（燃えにくさ）
・耐震性（地震時の落下しにくさ）

天井には設備機器が多数取り付けられているため，落下しないような強度が求められる。特に地震時に落下しないようしっかりした下地を組んでおく必要がある。

【NOTE】

10・2・2　仕上げの方法

今まで学んできた素材は，どのように施工しているのか，仕上げの方法を例をもとに把握しよう。

◆床の仕上げ方（フローリング）

販売されている無垢には，無垢の板材に実（さね）加工がされている。雄と雌があるのは，張った時に隙間をなくすためである。特に無垢材は乾燥収縮があるため注意が必要である。反りを抑えるために，フローリングの底面には溝がついている。

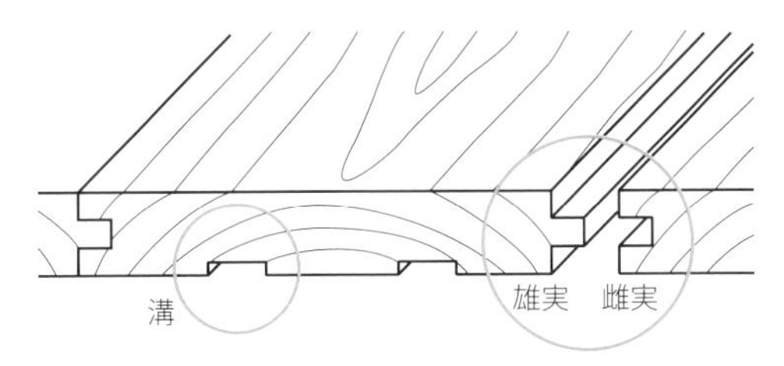

図10・2　フローリングの断面

◆壁の仕上げ方（壁紙と左官）

ビニル壁紙は最も多く普及しているものであるが，材料自体の厚さが薄いため，施工においては下地の平滑さが求められる。下地は石膏ボードや合板を用い，その上から接着剤で貼る。

塗装の場合，石膏ボード同士の継ぎ目部分に対してパテ等で平滑にした上で継ぎ目にテープを張り丁寧に下地処理をすることで，塗装した際にきれいに仕上がる。

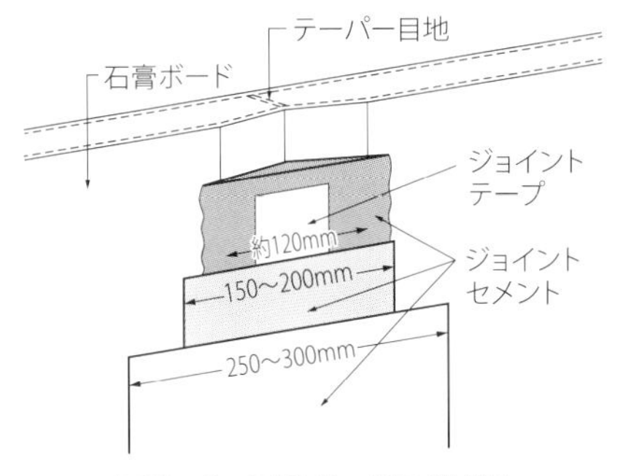

図10・3　石膏ボードの継ぎ目

湿式工法としての左官は，左官職人の技量が求められる。大量供給の時代には乾く前の時間が確保しにくかった等の理由で敬遠されたが，自然志向のクライアントが増えたことにより，質感と性能の良さの両面で見直されている。鏝（こて）の使い方でさまざまな表情がつくりやすく，またDIYとしても味のある仕上げを好む人が増えた。

図10・4　左官仕上げの例（珪藻土くし引き）

◆天井の仕上げ方

天井は重くならないように乾式工法で仕上げることが一般的である。漆喰等で仕上げる場合は薄く塗ることで剥がれ落ちを防止する。

10・2・3　仕上げの可能性，素材の加工

歴史的に見て，ヨーロッパの建築物は石の文化である。ガウディのサグラダ・ファミリアなどの教会建築には石が使われてきた。石は構造体であり，また外壁材の仕上げも兼ねているが，随所に彫刻が施されているのが特徴的である。石だけで豊かな表現にするために石工が必死に彫刻した歴史が今も続いている。バチカンのシスティーナ礼拝堂は1480年に完成した建物であるが，完成後に，石造りのアーチに画家のミケランジェロがローマ教皇の命令でフレスコ画を描いたことが有名である。天井画は，絵画でありながら装飾的な仕上げの実例である。

素材は，そのまま使うだけではなく，加工することで独特な風合いが出る。また自然素材は年月が経過すると色味が変化し，工業製品では出すこ

とのできない独特な風合いが魅力につながる。

日本の伝統的な技術の１つである数寄屋建築で活用される表面加工技法の「なぐり」は，丸太や板の表面に道具の痕跡を残し味わいをつくる技法である。なぐり・はつることで凹凸を与える方法で，床板に使用することで独特の見た目と足に新鮮な触感が得られる。(14・2・2コラムを参照)

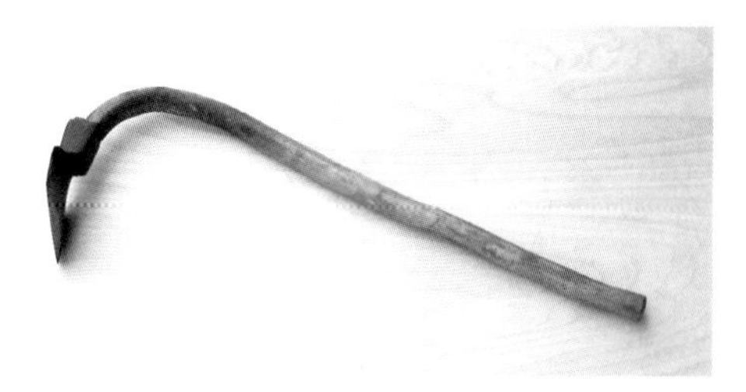

図10・5　なぐりの工具　釿（ちょうな）

10・3　リフォーム工事の考え方

10・3・1　リフォーム工事の考え方

リフォームと一言でいっても，傷んできた壁紙を変える部分的な補修から，間取りの変更を伴うバリアフリー化や耐震改修，そして構造体を残して解体しすべてやり替える改修など，さまざまなケースが考えられる。長く住む住宅の場合，断熱材を現代の省エネルギー基準に合わせて交換することで健康に過ごすことができ，耐震改修が済めば安心して生活ができることもあり，大がかりなリフォームには建築の専門家が必要になる。ここでは戸建てのリフォーム計画に関して完成までの流れをまとめる。

(1) 要望の確認

クライアントが何を望んでいるのかを明確にするためヒアリングシートをもとに聞き取りを行う。

(2) 現地調査

対象の場所はどの程度の劣化具合かを調査する。既存図面がないことも多く，調査時にはさまざまな場所を確認すると良い。押入れの天袋や床下収納，浴室の天井裏などから構造体や配管ルートなどの設備を確認すると状況が分かることも多く，リフォームの想像がつきやすくなる。書類だけで信用せず，実際に目で見て触って確かめることが重要である。

(3) 建設費の算定・工事契約

どの程度の金額がかかるのかは計画段階で経験により推測して計画を立てるが，実際の工事費は複数の建設会社に相見積もりを取って比較検討するのが一般的である。１社に絞り工事契約で施主と工事会社が契約するが，設計者が第三者として立ち会うことで施主は安心感が得られる。

(4) 現地解体調査

実際に解体すると想像と違う下地や配管であることが多く，現場で計画を変更することもある。大きな変更は材料発注を止める必要もあり，工期に影響が出る。早急に施主に計画変更の合意が得られるよう事前にさまざまなシミュレーションをしておくと良い。

(5) 施工状況の確認

現場監理を設計者が行い施主に報告する。スマートフォンやタブレットによる遠隔打ち合わせができるため，リアルタイムでも確認がしやすくなった。図面データをタブレット等に入れて携帯することで，施工者との打合せもスムーズになる。

10・3・2　事前確認の方法

施主に仕上げ材の色などを確認するときに短時間でさまざまな提案を行いたい場合，リアルタイムで確認ができると良い。

下図は撮影した画像に仕上げ材を選択するとAi技術で空間合成されるというシミュレーションシステムで，インターネット環境があれば誰でも利用できる。

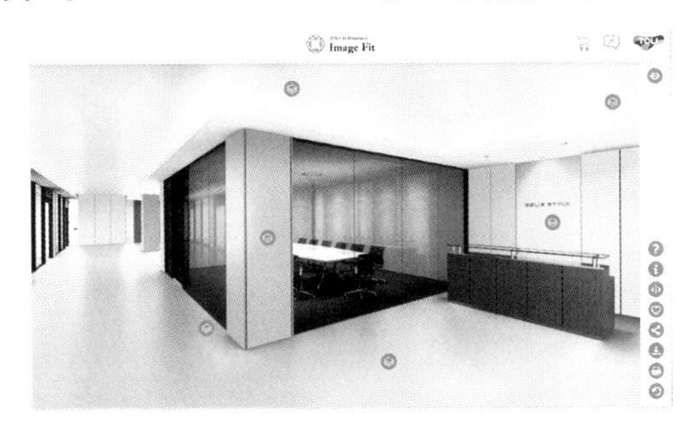

図10・6　空間合成シミュレーション
（東リ株式会社　Image Fit）

■worksheet 10　以下のキーワードにふさわしい素材や仕上げ，色について考えてみよう。

暖かな空間　クールな空間　にぎやかな空間

落ち着いた空間　明るい空間　集中できる空間

第10章
exercise

〈床仕上げ材〉

【問題１】 ＿＿＿は原料が有機質系で抗菌性や抗ウィルス性がある床仕上げ材だが，アルカリにより黄変しやすく，また表面硬度が高くないので，椅子の脚などによる擦り傷には配慮が必要である。

1．コルクタイル
2．クッションフロアシート
3．天然リノリウム

〈ペットを飼う室内の床仕上げ〉

【問題２】 表面が硬くて滑りやすい床仕上げは，室内で走り回る犬の膝や股関節に負担を与える恐れがある。カーペットは柔らかくて滑りにくいが，爪を引っかけてけがをすることなどを考慮してパイルの形状は＿＿＿タイプを選ぶとよい。

1．レベルループ
2．カット
3．カット＆ループ

《解説》

【問題１】 天然リノリウムは，亜麻仁油と松脂にコルク粉や木粉などを混ぜジュートに塗った床材である。天然素材を原料としているため環境に優しく，需要が高まっている。

【問題２】 カーペットは表面形状により，カットパイル，ループパイル，カット＆ループパイルなどに分けられる。カットパイルはパイルの毛先を同じ長さでカットしてあるので犬の爪が引っかかりにくい。

《解答》

【問題１】 3　　【問題２】 2

第11章

インテリアと法律

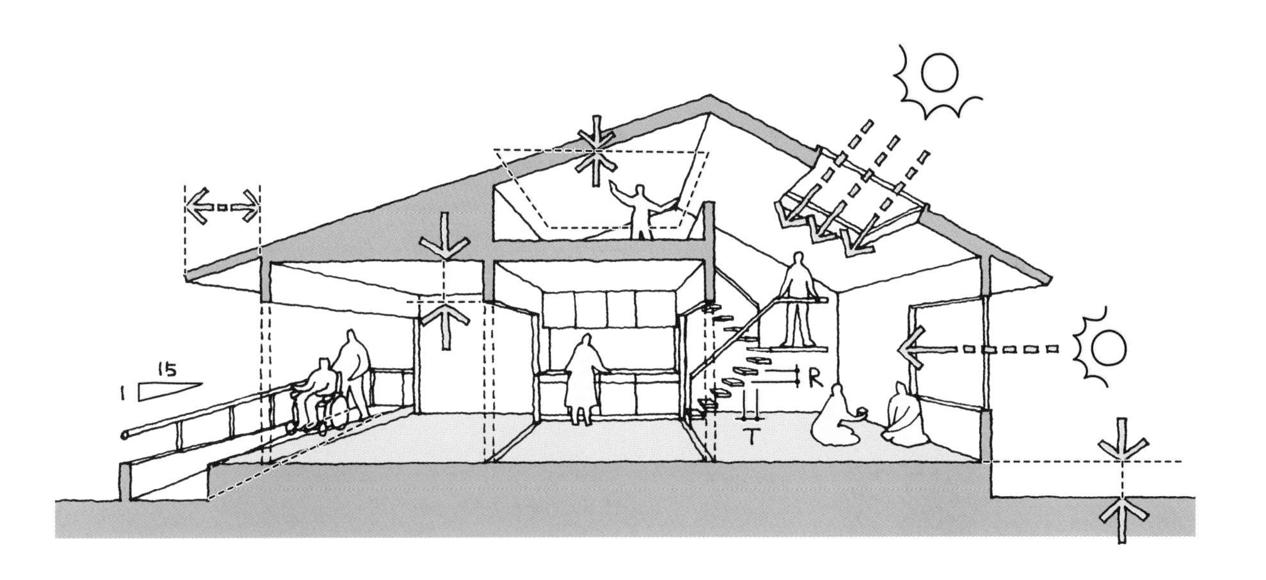

建築物をリニューアルするにはいろいろな法律をクリアする
必要があります。安心・安全な空間をつくるために,
法律について考えてみましょう。

◇この章で学ぶ主なこと◇

1　法律の役割とは何か
2　時代とともに変化する法律
3　集合住宅，リノベーション，オフィス，まちづくりの法律

11・1　法律の役割とは何か

分かりやすい例として飲食店の法律を考えてみよう。雰囲気が良く居心地の良い空間でお客様に食事を楽しんでもらいたい，そんなとき空間の安全を確保するためには何が必要だろうか。

火を使う厨房では，火が壁や天井に燃え移らないようにするために，内装の仕上材料に制限を設けている。そして煙が広がらないように適切な換気設備が必要になる。

また，火災時の避難経路や消火設備等について，設計者は事前に管轄の消防署に行き，解釈を確認する場合もある。

クライアントから「オープンキッチンにしてカウンター越しに調理風景が見えるようにしたい」という要望があったら，設計者はどう考えるだろうか。火を使う場所の安全性を確保するために耐熱に優れたガラスで仕切るという提案や，火を使う場所を奥にするなど，間取りやカウンター形状を工夫して安全性を確保し，盛りつけ風景が見えるような提案をすることもあるだろう。法律の制限にはどんなものがあるのかを確認して，その一方でクライアントの要望，お店の雰囲気，売上向上につながる提案を考えていくのが設計者の役割である。

建築に関連した法律にはどんなものがあるのか。図11・2の法律の名前から内容を推測してみよう。

なお，建築士試験では法令集の持ち込みが許されており，これらの法文を覚える必要はないが時間内に答えにたどり着くためにはトレーニングが必要である。

二級建築士試験における関連法規の出題範囲
・建築基準法 ・建築士法 ・高齢者，障害者等の移動等円滑化促進法 ・建築物の耐震改修の促進に関する法律 ・住宅の品質確保の促進等に関する法律 ・長期優良住宅の普及の促進に関する法律 ・都市計画法 ・建設業法 ・宅建業法 ・土地区画整理法 ・瑕疵担保履行法 ・消防法 ・再資源化法 ・宅造法 ・民法 ・他

図11・2　建築関連法規リスト

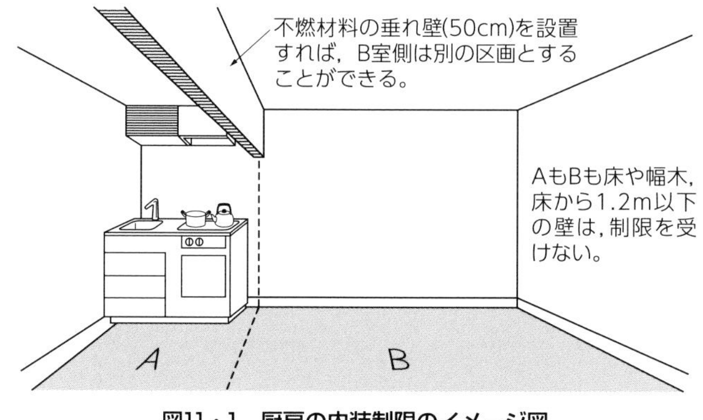

図11・1　厨房の内装制限のイメージ図

11・2　時代とともに変化する法律

11・2・1　建築の法規はどうしてできたのか

インテリアの仕事に関係する建物用途は，大きく3つに分けられる。

・集合し活動するための場所（公共施設など）
・商売するための場所（商業施設など）
・生活するための場所（住まいなど）

それらの建築物が集合したものが街だとすれば，それぞれが無秩序に建っていたら，どうなるだろう。

そこで何らかの秩序を与えるため法律が存在する。

その秩序とは，以下の3つである。

・安全（地震，火災，自然災害，他）
・規模（建蔽率，容積率，高さ制限）
・用途（都市計画）

11・2・2　江戸時代の法律の記録

わが国の建築に関連する法律は江戸時代に記録が多いことが知られている。この時代の江戸の街では火事が多く，1657年（明暦3年）「明暦の大火」（振袖火事），1722年（明和9年）「明和の大火」（目黒行人坂大火），1806年（文化3年）「文化の大火」（丙寅の大火）が江戸三大大火といわれている。江戸の街ではそのたびに建築に関する法律が定められた。特に明暦の大火後に江戸幕府は以下のような防火強化対策を実施した。

・御三家藩邸跡地に馬場や薬園等の延焼防止帯設置
・寺社や町人地を外堀の先か新開地へ移転
・道路の拡幅，広小路や「火除地」の設置
・茅葺きや藁葺きの禁止，塗屋や蛎殻葺き等の耐火建築を推奨

11・2・3　大正時代以降の法律

大正時代にできた市街地建築物法は，大都市に適用される法律で，主として防火に関する規定であった。関東大震災後の1924年には耐震性能が盛り込まれ，木造では筋交いに関する規定があった。

第二次世界大戦後の1950年（昭和25年）に建築基準法が制定され，建築の基準が全国で定められた。その頃はとにかく住宅を増やすことが求められていた時代で，そんな社会情勢の中で最低限の基準を守ってもらいたいという意思をもって制定されたことが推測される。70年以上経過した今も基本となる条文は変わっていないが，地震・天災その他の情勢変化に応じて法令が随時追加されている。

地震と法改正の関係を年表にし，主なものをまとめる。

1923年	関東大震災（M7.9）
1924年	市街地建築物法の改正
1948年	福井地震（M7.1）
1950年	建築基準法の制定（旧耐震）
≀	新潟，十勝沖，宮城県沖地震
1981年	建築基準法改正（新耐震）
1995年	阪神淡路大震災（M7.3）
2000年	建築基準法改正
	品確法の制定

11・2・4　法律は時代とともに変化していく

1998年（平成10年）に建築基準法の大きな改正が行われている。新築住宅着工数の増加に伴い確認申請・検査数が増加したため，民間確認検査機関への委託に踏み切っている。耐震性能や防火性能に関する研究機関の実証実験が進ん

できたことから構造，防火材料等の性能規定化が定められた。2000年に阪神淡路大震災を踏まえた，安全に対して大きな法改正があった。特に木造住宅の耐震性能が向上するよう規制強化がなされるとともに，住宅の品質確保促進等に関する法律（品確法）が施行された。

建築基準法の第一条(目的)を確認してみよう。

建築基準法（昭和25年法律第201号）

第一条　この法律は，建築物の敷地，構造，設備及び用途に関する最低の基準を定めて，国民の生命，健康及び財産の保護を図り，もって公共の福祉の増進に資することを目的とする。

国民の生命，健康，財産の保護のために，地震や火災に対する安全性を確保するために最低限の基準が定められ，国宝や重要文化財等を除く，すべての建築物に適用されることになった。

11・2・5 「既存不適格」

山形県にある銀山温泉は，大正時代に建造された３階建・４階建の木造建築群として知られている。建築家の隈研吾は，藤屋旅館のリニューアル設計を依頼された際に「木造３階建は構造技術的には難しくはないが建築基準法上では２階建よりも格段に難しくなる」と考えている。また「新築ではなく改修で認定を受けることが必要になり，大正時代の骨組みを保存しファサードだけをつけ替えるというアクロバットに挑戦した」とも述べている。新しい法律が施行されるとその前に完成した建物は「既存不適格」建築物と呼ばれることになり，建て替えようとすると同じ大きさの建物として改築※することはできない。そのため「大規模の修繕・模様替え」と呼ばれる方法でリニューアルしていくわけである。構造部材は大正時代の骨組みを活かしながら，正面の開口部には無双格子を用いて雰囲気のある外観をつくりだすことに成功した。その裏には，行政へ何度も通い，構造的な検証を構造事務所と進めながら書類を作成して，古い骨組みでも現代の耐震基準に照らして使用できることを証明してみせる必要があったのだろう。

このようにして，設計者は建築物を財産として適切に考えた上で行政へ説明して，理解を求めながら過去の雰囲気の良さを活かした新しい提案を実現させていくわけである。

※改築　一度取り壊して用途・構造・階数・規模などがほぼ同じものを建てること

図11・3　銀山温泉　藤屋

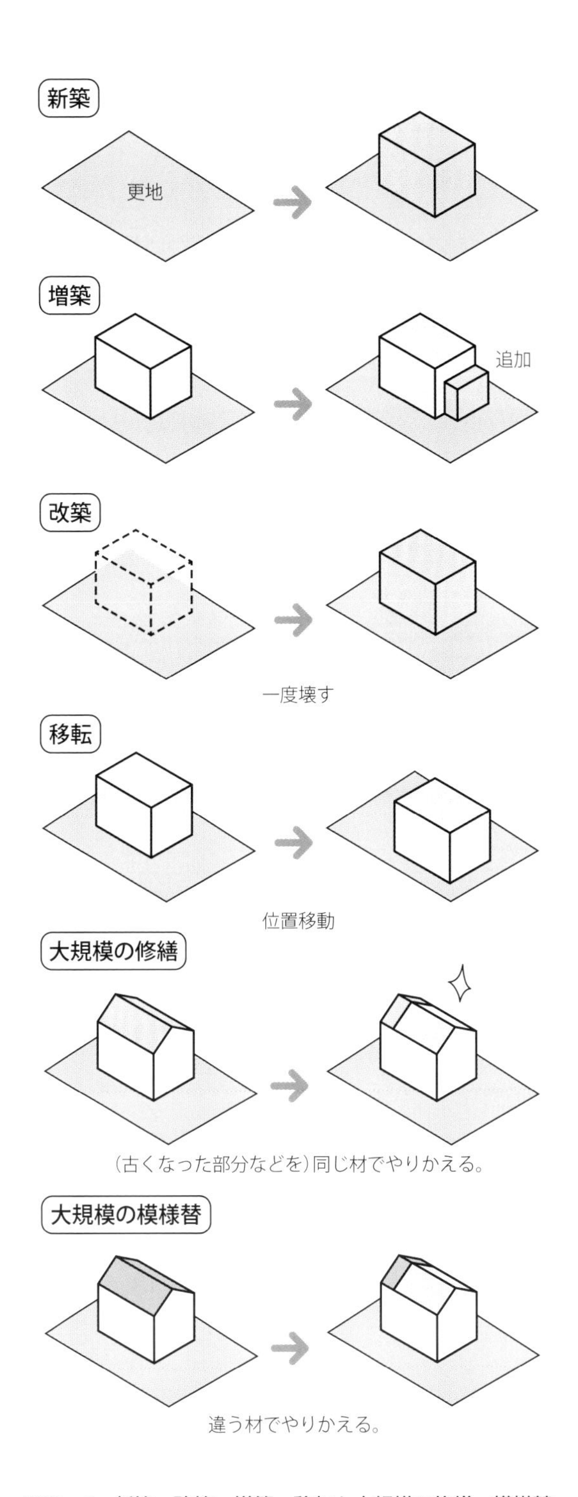

図11・4　新築・改築・増築・移転と大規模の修繕・模様替

11・3　集合住宅，リノベーション，オフィス，まちづくりの法律

11・3・1　マンションのリノベーションにおける法律

分譲集合住宅は，１棟の建物に複数家族が入居しているが，所有権は各室ごとに発生し，これを区分所有権と呼ぶ。所有者はマンションの管理に関して，管理組合の一員としての役割を果たす必要がある。

居住者は「専有部分」である住宅を所有している。玄関を一歩出ると「共用部分」であり，例えば玄関ドアの外側の面については入居者全員の財産である。また，バルコニーや外部分もすべて共用部分である。そのため，共用部分である窓のサッシを入居者本人が勝手に交換するといったことは管理規約で許可されていないため，個人で交換したい場合は管理規約の改正を行う必要がある。また，管理規約の改正は議決権の４分の３を求める必要がある。

マンションリフォーム工事で注意しなければならない法令は主に次の通りである。

① 区分所有法
② マンションの管理規約
③ 建築基準法
④ 消防法
⑤ 産業廃棄物処理法
⑥ 特定商取引法

11・3・2　オフィスにおける法律

建築基準法，建築物における衛生的環境の確保に関する法律（ビル管理法），他

・換気の回数

建築物は室内の空気を入れ替える必要があり，住宅等の居室では0.5回／時※3 以上の換気回数を確保できる換気設備の設置が義務付けられている。窓を開けて自由に換気ができないオフィスビルでは機械換気による方法で換気を行う。

※３　室内の空気が一定の時間に入れ替わる回数
（１時間に室内に流入する空気量を室内容積で割った値）

2019年に発生した新型コロナウィルス感染症に関する厚生労働省の対策専門家会議の見解では，換気回数は２回／h 以上，必要換気量は一人あたり30m^3／時が確保できているかが重要であり，必要換気量が足りない場合は一部屋あたりの在室人数を減らすことが挙げられている。最低基準となる法律だけでは推奨される換気量には対応できない居室もあり，心理的な安心を得るために在室人数を減らして在宅勤務やオンライン会議への対応が急展開で採用され，生活様式も様変わりした。

なお上記の基準は努力義務ではあるが，2022年現在，建築基準法の改正には至っていない。

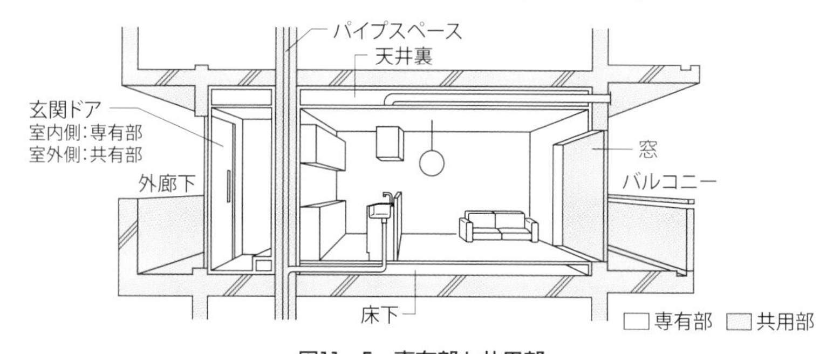

図11・5　専有部と共用部

11・3・3　まちづくりの法律

◆都市計画法，大規模小売店舗立地法

中心市街地の活性化に関する法律，生産緑地法，他

日本の都市は都市計画法で定められた用途地域によって区分けされている。駅前が商業地域，少し離れると住宅専用地域，騒音などが出る工場地帯は工業専用地域，とエリアによって建ててよい建物用途を制限している。また建物の大きさ※4 を指定することで，周辺の建物はだいたい同じ大きさに制限されて，まとまりのある街並みをつくろうとしている。

※4　大きさ
建蔽率＝建築面積／敷地面積
容積率　＝延べ床面積／敷地面積

11・3・4　将来のこと

日本の各都市で高度成長期以降積み上げてきた官民の資産は，床面積を増やして多くの人が利用できるような経済優先の計画が中心であった。今後は「居心地が良くて歩きたくなるまち」を創出していくことが重要になるだろう。

また，既存の建築物・空き家を積極的に活用していこうとする自治体も増えており，例えば企業ごと移転することを積極的に受け入れる自治体もある。企業が移転して来れば法人税も増え，住民も増える。人口が増えれば経済が活性化する。他に，ゲリラ豪雨や台風，地震，津波等の自然災害に強い街をつくるために，建築だけでなく日常の防災に対する心構えが重要になる。以前よりも地域住民同士が連携してさまざまな地域貢献活動を進めることで防災意識も高まることだろう。今後，一極集中ではなく分散しながらもつながって生活する，という社会のニーズに応じたインテリア空間を創出することが求められていくのではないだろうか。

■worksheet 11

*Q*1. 建築の法律はどのようにして生まれてきたのか。

*Q*2. インテリアにとって特に重要だと思う法律は何か。

■コラム　法規の幅を読んでインテリアの自由度を高める

建築基準法は，地震国である日本において，地震や火災等のさまざまな災害への個別的対策（単体規定）や，地域の街並みや環境，風土を保全する役割があります（集団規定）。当然建築を設計する上で法規や条例は守らなければなりませんが，その条文の一言一句を杓子定規に捉えてしまうと，この多様性の時代に「自由度」を見失ってしまいます。

例えば（写真1，2）を見ると，ガスコンロのあるキッチンと吹き抜けのあるリビングの空間がつながっていることがわかります。ガスコンロを設けているキッチンは「火気使用室」の扱いとなり，原則として準不燃材料での仕上げが求められます（緩和規定あり）。しかし，リビングとキッチンの空間がつながっている場合，どこまでが火気使用室の扱いを受けるのか，という問題が発生します。結論からいうと，キッチンの天井はプラスターボード t=12.5に不燃ビニルクロス（準不燃材料）で仕上げていますが，リビングは火気使用室の扱いとはならず，吹き抜けの天井には準不燃材料ではないシナベニヤを用いています。

このように，単体規定が適用される諸室（居室と室）の曖昧な境界というものが存在しており，それは設計者の意図および確認審査機関（主事）との協議により判断されることになります。つまり法規とはいっても「幅」が持たされているのです。社会も建築主も多様化する社会で，こうした良い意味での法解釈を理解していることで，設計した空間を仕上げる素材の選択肢が増えることになります。

写真1　リビングからダイニングキッチンを見る

写真2　天井高さによる空間用途の切り替わり

そして，実はこの写真には他にもテクニカルな法解釈／上級編が隠されています。一段下がったガレージとリビングはつながっているように見えますが（写真３），敷地が雛壇形状をしていることから，建築物として別棟で計画されています（用途不可分）。母屋と離れの関係になるため，構造上かつ用途上，母屋（リビング側）とガレージ（車庫）とは分離が求められ，実際に50ミリ離れています。法規上は直接行き来する概念がないため，母屋側に外部サッシを取り付け，外部空間に出るとすぐガレージがあるように設計しています。そしてリビングと空間が連続して見えるようにガレージの天井材をリビングと同じシナベニヤとし，壁材は同色にしてインテリア計画を工夫しています。外装も同様に統一した屋根材で葺いています（写真５）。

以上のように，法規は読み解き方により，建築の性能を決定しながらも，設計を縛るものではないことを理解していただけたらと思います。

写真３　ガレージからリビングを見る

写真５　同一素材の２枚の大屋根

（写真１，２，３，５：新津一平）

（写真４：DOG 一級建築士事務所）

写真４　用途不可分による２棟構成の模型

齋藤隆太郎
東北工業大学建築学部建築学科　講師
東京大学大学院工学系研究科建築学専攻
客員研究員

第11章
exercise

〈内装制限〉

【問題1】　キッチンと一体空間になっているダイニングが内装制限を受けないようにするためには，キッチンとダイニングの間に設ける下がり壁の天井面からの下がり寸法は［　　　］必要である。

1．400mm 以上
2．500mm 以上
3．600mm 以上

〈住宅階段の寸法〉

【問題2】　法令で定められている住宅の階段（共同住宅の共用階段を除く）の蹴上げ寸法と踏面寸法の限度は［　　　］である。

1．蹴上げ：230mm 以下，踏面150mm 以上
2．蹴上げ：210mm 以下，踏面180mm 以上
3．蹴上げ：180mm 以下，踏面210mm 以上

《解説》

【問題1】　火気使用室の内装制限。住宅では2階建て以上で最上階以外の階に台所がある場合は，壁と天井を準不燃材料以上の仕上げとしなければならない。ただし台所と食事室や居間が一体の部屋は，天井から下方に50cm 以上突出した垂れ壁で区切られている場合は，台所のみの内装が制限される。

【問題2】　法令で定められている階段。勾配限度はかなり急で危険である。昇降しやすい階段の蹴上げ（R＝Rise）寸法と踏面（T=Tred）寸法の関係は，R／T≦6／7かつ2R＋T＝550～650が望ましいことが「高齢者等配慮対策等級」の等級5，4で示されている。

《解答》

【問題1】　2　　【問題2】　1

第12章

インテリアのエレメント

見た目は快適そうに見える椅子でも，
長い時間座っていると座り心地が不快に感じたり，
腰が痛くなったりすることがあります。

では良い椅子とはどのようなものでしょうか。
身近に使用している椅子について考えてみましょう。

◇この章で学ぶ主なこと◇

1　インテリアを構成するエレメントの種類と役割を知る
2　居心地の良い家具には理由がある
3　衣服のように空間を包み込むテキスタイル

12・1　インテリアを構成するエレメントの種類と役割を知る

12・1・1　さまざまなインテリア・エレメント

現代の人々のくらしはたくさんのモノに囲まれている。例えば食事のためにはテーブルと椅子，食器やカトラリー，テーブル上の照明器具など。こうしたモノや室内の床・壁・天井の内装材などを総称して「インテリア・エレメント」と呼ぶ。快適なくらしのためには，さまざまなインテリア・エレメントから適切なものを選び，効果的に用いることが必要である。

食べる，遊ぶ，学ぶ，働く，くつろぐ，寝る，しまうといった，くらしの基本的な行為と，インテリア・エレメントとのかかわりについて，この章では主に「家具」と「テキスタイル」について考える。

「家具」には大きく分けると，椅子やソファといった身体を支えるもの，テーブルやデスクなどモノを支え，行為をサポートするもの，棚やキャビネットなど主にモノを仕舞うもの，の3つがある。

「テキスタイル」はファブリックともいい，布や織物のことである。カーテンなど光や視界を遮るもの，ラグやカーペットなど床の硬さや冷たさを解消するもの，ソファカバーやシーツなど直接身体に触れるもの，などがある。

12・1・2　インテリア・オーナメントの役割

部屋の片隅に，一輪の花を活ける（図12・1）。それだけで部屋全体の空気が見違えるほど生き生きと変わったように感じることがある。美しいモノを飾ることは，人がくらしの中で本能的に求めているものかも知れない。

インテリア・エレメントには，アートワークや装飾品，観葉植物，雑貨などのインテリア・オーナメントも含まれる。

装飾／オーナメント ornament とは，飾ること，美しく装うこと，またその装いや飾りのことである。ある造形物をより魅力的に見せるデコレーション decoration のための付加物であり，それ自体は機能をもたないが，主に視覚を通して美的で豊かな感情をもたらす。

インテリア・オーナメントは，視覚的な要素として室内に飾ることで，快適な空間をつくる大事な要素である。

図12・1　部屋に一輪の花を活ける

◆装飾芸術 decorative arts

装飾芸術とは，絵画，彫刻などの純粋芸術に対して，工芸品や建築の細部などに純粋に視覚的な美的効果を高めるために施される造形による芸術のことである。

入れ墨のような身体装飾から，服飾，装身具，壁画，壁面装飾や工芸品などがその対象である。広義には，建築やインテリア空間などに設置してその美術効果を高める絵画や彫刻なども含まれる。

【出典】ブリタニカ国際大百科事典 小項目事典，コトバンク

> *Q.* インテリアの装飾に関する以下の言葉の意味を調べ，その違いを考えてみよう。
> ・ファーニシング furnishing
> ・デコレーション decoration
> ・ディスプレイ display

12・2　居心地の良い家具には理由がある

12・2・1　良い椅子，良いテーブルとは？

あなたが今，座っている椅子をよく観察してみよう。素材や構造はどうなっているだろうか。座りやすくするための工夫は見られるだろうか。

見た目は快適そうに見える椅子でも，長い時間座っていると座り心地が不快に感じたり，腰が痛くなったりすることがある。

良い椅子とはどのようなものだろうか。身近に使用している椅子を観察し，考えてみよう。

1）座り心地が良い：長時間座っても疲れない。
2）丈夫である：身体を支える強さがあり，長時間の使用にも耐えられる。
3）美しい：座っている時は充実感があり，部屋に置かれた時は姿が美しい。
4）軽い：食卓の椅子は軽く，床掃除がしやすいものが望ましい。

次に良いテーブルとはどのようなものだろうか。

1）必要な機能がある：作業や食事に必要な大きさ，形，強度がある。
2）美しい：天板の材質や仕上げ，たたずまいが良い。
3）椅子との相性が良い：椅子に座り，作業姿勢をとった時の高さ（差尺）が適切であること。

◆差尺（さじゃく）：

テーブルの天板面と椅子の座面の高さの差のこと。

身長×0.55＝座高

座高÷3＝最適な差尺　となる。

12・2・2　家具の用途と役割

家具は機能別に「脚物（あしもの）」「台物（だいもの）」「箱物（はこもの）」の3つに分類される。あなたの身のまわりにある家具は，次のどれに当たるだろうか。

1）人を支える　　＝座る，寝る→「脚物」
2）モノを支える　＝置く，並べる→「台物」
3）モノを仕舞う　＝収納する→「箱物」

【事例12･1】トーネット No. 14

トーネット，ドイツ，1859

写真1

写真2

No. 14チェアは世界で最も成功した工業生産による椅子であり，モダン家具の始まりとして捉えられています。創業者ミヒャエル・トーネットが1850年代に確立した曲げ木の技術によって作られたチェアは，分解したパーツ36脚分を同時に1立方メートルの箱に収めることができ，そのまま世界中へと発送が可能です。シンプルで飾らない美しさをもつNo. 14チェアはその後改良されて引き継がれ，150年以上の間あらゆる場所に置かれることになりました。

◆家具の機能別分類

（1）**「脚物」**

人体系家具＝座具系　ergonomic

・チェア，ソファ，スツール，ベンチ・ベッドなど。

（2）**「台物」**

準人体系家具＝台系　semi-ergonomic

・テーブル，デスク，カウンターなど。

（3）**「箱物」**

建物系家具＝収納系　shelter

・シェルフ，チェスト，キャビネット，ドレッサーなど。

12・2・3　空間と家具：造作家具と家具配置

「造作家具」とは，建築と一体化して大工工事で造作する「作り付け」の家具や棚，収納スペースのことを指し，ビルトインとも呼ぶ。

システム家具（ユニット家具）と呼ばれる家具は，造作家具を規格化したもので，収納物に合わせてユニットを組み合わせ，本棚やクローゼットなど限られたスペースを効率よく使用できる。また引っ越しや用途の変化に応じて，組み替えたり増設したりでき，長期にわたって使えることも大きな特徴である。

また住宅の台所，洗面所，風呂といった水回りの設備システムをユニット化したものが製品化されている。これを用いることで，防水性を容易に確保するなど，施工上のメリットもある。

◆家具の配置における要点

家具と空間が調和したインテリアは使いやすく，居心地の良い場所となる。室内に家具を配置する際に留意するポイントは以下の通りである。

・動線と視線：室内の開口部の位置や家具の大きさから，人やモノがどのように移動するか，または人の視線の向きはどうか，などを想定し，家具の配置を計画する。

・シンメトリーとバランス：室内の開口部や造作に合せてシンメトリーに配置することで落ち着いた印象をあたえる。反対にバランス良く非対称（アシンメトリー）に配置することで，リラックスした雰囲気をつくる。

図12・2　さまざまなインテリア・エレメント

12・3 衣服のように空間を包み込むテキスタイル

12・3・1 インテリアとテキスタイルのかかわり

床や壁，天井といった空間を構成する主要な部位は，人や物を支えるために比較的丈夫で固い素材でつくられている。一方で人と建物が接近するインテリア空間では，空間を包み込む素材として，テキスタイル／織物が古代から用いられている。テキスタイルは身体を保護し，柔らかく包み込む役割を担っており，人々のくらしに欠かせないエレメントである。

テキスタイルは衣服をはじめ，生活空間の中でも直接人の手や体が触れる部位や，熱を保ち日差しを遮る役割として，昔から人々のくらしに密接にかかわってきた。

代表的なテキスタイルの素材は，主に以下のものが挙げられる。

◆自然繊維

・コットン／木綿

・リネン／麻

・シルク／絹

◆人工繊維

・ポリエステル：石油などを原料とする。

・レーヨン：パルプを原料とする。

またテキスタイルによる製品は，主に以下の種類に分類される。

1） カーテン，窓回り部品

→ウィンドウ・トリートメントと総称される。

2） 椅子張り地

→ソファや椅子の座面に使用する。

3） 緞通（だんつう），絨毯（じゅうたん），カーペット全般

→主に床面にて使用する。

4） ホームリネン，寝具

→寝室，ベッド周りにて使用する。

ベネシャン・ブラインド venetian blind

横型スラット（羽根）の操作により自然光の調整を行えるウインドウ・トリートメントである。venetian とは「ベニスの」の意味。水の都・ベニスでは，上から降り注ぐ太陽光のほかに，水面に反射して跳ね返る下方からの自然光も遮る必要があるため，光を遮りながら通風やプライバシーを確保できるこの形式が採用された。現代になるとスラットは耐久性が高く軽量なアルミ製へと変化した。木製，竹製，樹脂製など，種類も増えている。

図12・3 ベネシャン・ブラインド

【NOTE】

12・3・2　開口部とウィンドウ・トリートメント

窓回りの遮光・調光・断熱・保温・装飾などを行うエレメントで，カーテンやシェード，ブラインドなどを総称して「ウィンドウ・トリートメント window treatment」と呼ぶ。室内に自然光をどのように採り入れるか，室温をどう調節するか，部屋の雰囲気をどう演出するかによって使い分ける。インテリアショップやホームセンターなどで，さまざまな実物に触れ，その種類と効果を見比べてみよう。

・カーテン：ドレープカーテン（厚手）・レースカーテン（薄手），カーテンの吊元を覆って装飾するトップトリートメント，裾のあしらいを工夫したスタイルカーテンなど。
・スクリーン：ロールスクリーンやプリーツスクリーン，ハニカムスクリーン，パネルスクリーンなど。
・ブラインド：ベネシャン・ブラインド（横型），バーチカル・ブラインド（縦型）など。
・シェード：ローマンシェードともいう。

12・3・3　人が常に触れるカーペット

床は室内の中で人が常に触れているエレメントである。床面に弾力性のあるカーペット／絨毯（じゅうたん）を用いることによって，美観だけでなく，歩行感や保温，防音，音響などの性能を大きく改善することができる。

カーペットには織り方による違いや，表面形状による種類があり，見た目や感触が異なる。

◆織り方による違い

・平織り：縦と横の糸を交互に交差させて織る製法。
・タフテッド：ベース生地にパイル地を植え付ける刺繍のような製法。
・ウイルトン：カーペットの伝統的な製法で，パイルの密度が高く丈夫。

◆敷き方による違い

・ウォール・ツウ・ウォール（wall to wall）：部屋全体を敷き詰める敷き方。
・ピース敷き：周囲を残し，部屋の一部に局所的に敷く敷き方。
（カーペット↔ラグ）

◆形状や使用目的による違い

・タイルカーペット：400〜500mm 角が主。弱い接着剤を用いて容易に剥がすことのできるピールアップ工法を用いる。
・タペストリー：絵や模様を織り出した壁掛織物のこと。主に室内装飾品として使用する。

【事例12･2】シェイク･ザイード･グランド･モスク Abu Dhabi，UAE，2007
→世界最大といわれるペルシア絨毯を床全面に敷き詰めた祈りの空間。伝統的イスラムデザインと現代建築の技術を結びつけた気品のある装飾にあふれており，LED によるシャンデリアや，中庭の大理石壁面の幾何学模様など，見所が多い。

図12・4　シェイク・ザイード・グランド・モスク

■worksheet 12　インテリア・エレメント

今，座っている椅子をよく観察しながら，スケッチを描いてみよう。

座り心地はどうか，どのような工夫があるか，改善点はどこか，など詳しく記述してみよう。

第12章
exercise

〈人間工学と家具〉

【問題1】 椅子の座面の高さは，机の甲板面との距離を適切な寸法にすることが大切である。座高600mm の子どもが高さ700mm のテーブルで使うスツールの座面高さは，［　　　］mm 程度がよい。

1．400mm

2．450mm

3．500mm

〈ウィンドウトリートメント〉

【問題2】 寝室にある東側に面した窓は，起床時には窓の上部から朝日を取り入れ，天井面を程よく照らした明るさで目覚めたい。ただしある程度の遮光とプライバシーを確保するため，［　　　］を採用した。

1．ロールスクリーン

2．プリーツスクリーン

3．パネルスクリーン

《解説》

【問題1】 机の甲板面の高さから椅子の座面の高さの差を差尺という。座高の1/3程度が適切な差尺とされているので，座高600mm の子どもの場合，差尺は200mm となる。よって500mm の座面高さのスツールが適切である。

【問題2】 プリーツスクリーンは上下に開閉する。上下に違う２種類の生地を選ぶことができる。開閉の操作によって，遮蔽や遮光効果を目的に応じて変えることができる。

《解答》

【問題1】 3　　【問題2】 2

第13章

インテリアの再生

少子高齢社会の到来とともに，の働き方や暮し方の変化による，
多様なライフスタイルの実現に向け，
いままで使われていた住宅やオフィス，学校などの施設が
その役目を終えつつあります。

こうした建物がこれからの社会に必要な用途に転用・活用されることで，
環境への負荷を減らしつつ，社会の大きな変化に適応することができます。

◇この章で学ぶ主なこと◇

1　これからのインテリアは「再生」が鍵となる
2　用途変更で生まれた新しい空間とインテリア
3　これまでにない発想が求められる空間の「再生」

13・1　これからのインテリアは「再生」が鍵となる

13・1・1 「スクラップアンドビルド」から「再生」の時代へ

1960年代から始まった高度成長時代には，多くの建物が建てられ，戦後日本の社会的な基盤を整備してきた。1980年代のバブル時代頃からは，老朽化や陳腐化して物理的・機能的に古くなった建物や設備は廃棄し，高能率の最新の建物や設備につくり換えてきた。これを「スクラップアンドビルド」という。

その一方で，都市を中心とした生活環境の発展とともに，公害やストレスの増大など，社会的な弊害が明らかになった。過剰に供給された住宅やオフィスビルなどは空き家や空きビルとなり，こうした社会ストックの新たな活用方法が求められるようになった。

21世紀は地球環境の時代である。世界に先駆ける少子高齢社会となった我が国の将来には，既にある建物を長く使い続けること，つまり建物の「再生」を視野に入れた建築・インテリアの考え方が必須となる。また新しく建物を作る際にも，同じ考え方をあらかじめ計画に組み込むことが，社会的な使命となる。

「再生」のキーワードとして，3Rがある。では建築・インテリアデザインにおける「再生」のキーワードとは何だろうか。

■3R（さんあーる）

リデュース（Reduce）：ゴミを減らし，素材を有効に利用，無駄につくらないこと。

リユース（Reuse）：繰り返し利用する，いいものを長く使う，物々交換など。

リサイクル（Recycle）：再資源化し，分解・分別できる素材・製法を用いること。

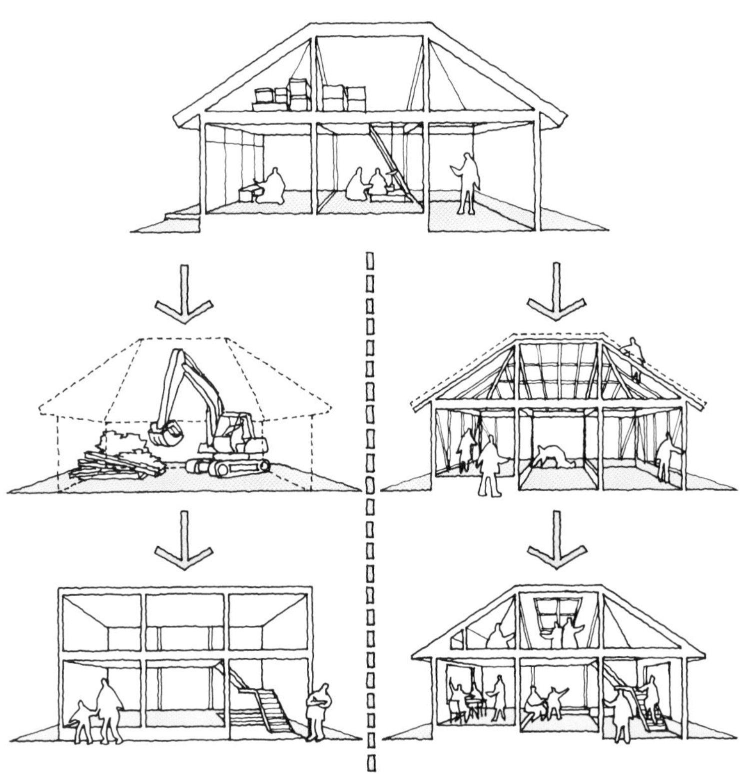

図13・1 「スクラップアンドビルド」か「再生」か

13・1・2 「リフォーム」・「リニューアル」とリノベーションの違い

建物を改修する言葉として「リフォーム」や「リニューアル」がある。しかし建物を長く使い続けるためには，目的や用途に沿って，創造的かつ発展的に改修することにより，その社会的な要求に応じることができる。その思想を象徴する言葉として「リノベーション」という考え方が主流となりつつある。「リフォーム」「リニューアル」と「リノベーション」は一般的に以下のように説明されている。

- **リフォーム** reform
  ＝手を加え，改良すること。作り直すこと。
- **リニューアル** renewal
  ＝一新すること。店舗などの改装・改修。都市などの再開発。
- **リノベーション** renovation
  ＝既存建物を大規模改装し，耐震性や断熱・気密性など，用途や機能を刷新・高度化し，建築物に新しい価値を与えること。

13・1・3 大胆な発想を求めるコンバージョン

古い建物を再利用しながら，元の建物の価値を高める手法として，元の建物の用途を変更しながら，新しく空間を再計画することを「コンバージョン conversion」という。オフィスビルから住居への改修や，倉庫から商業施設への改修など，企画段階においても大胆な発想の転換が求められる。同時に法令や関係機関との緻密な調停のバランスが不可欠となる。

少子高齢社会の到来とともに，働き方や暮し方の変化による，多様なライフスタイルの実現に向け，いままで使われていた住宅やオフィス，学校などの公共施設がその役目を終えつつあります。こうした建物がこれからの社会に必要な用途に転用・活用されることで，環境への負荷を減らしつつ，社会の大きな変化に伴う多様な要求に適応していくことができる。

「リノベーション」あるいは「コンバージョン」の手法は，対象となる建物の種類や特徴によってそれぞれ異なる。また空間の活用方法やその実施手法については，建築側からもインテリア側からも新たな発想や考え方が求められる。

長期に渡り社会的な責任を果たす建物を実現するための基本的な方策として，建築とインテリアデザインの協働（コラボレーション）が，将来ますます必要となることが予想される。

【NOTE】

13・2　用途変更で生まれた新しい空間とインテリア：オルセー美術館

図13・2　オルセー美術館

13・2・1　近代化の波に取り残された駅舎

パリ中心部に建つ国立オルセー美術館は19世紀半ば～20世紀前半までの作品が集められ，主に印象派，ポスト印象派の作品が数多く収蔵されていることで有名な美術館である。美しいアーチ型のガラス張り天井から自然光を取り込むインテリアがその大きな特徴である。この建物は元々パリの鉄道ターミナル駅としてつくられた建物の大規模な改修によるものである。

1900年のパリ万国博覧会に向けて，客室数370の高級ホテルを併設したオルセー駅が建設された。鉄骨造による構造は石灰岩で覆われ，セーヌ川を挟んで建つルーブル美術館など周囲の街並みと建築物の調和をはかっている。電気機関車の時代となり，蒸気や煙の排出がなくなったため，駅のホームや施設は大きなガラス屋根で覆われ，またエレベーターなどの当時の最新設備も導入された。

しかし鉄道の急速な近代化にオルセー駅はついていくことができない。新しい旅客車両はホームの長さに適応できず，1939年以降は近距離列車の専用駅に格下げされる。第二次世界大戦を経て駅は捕虜収容所となり，また1958年にはド・ゴール将軍が政権復帰宣言を行った場所となって，駅舎としての役目を完全に終えた。

13・2・2　スクラップアンドビルドからの生還

駅舎の使い道として，金庫や航空会社の管理事務所などのアイディアが次々と提案された。しかし近代主義は，建物の再利用よりも「スクラップアンドビルド」による建て直しを優先する時代であった。そして，建物をすべて解体して大規模なホテルを新築する計画が採択された。

しかしその解体許可が下りた後，このホテルの建物全体と高さが地域にそぐわないとして国が建築許可を拒否し，計画は白紙撤回となる。1973年に閉鎖された駅とホテルはその場に放置されたままとなった。

1970年代初めにジョルジュ・ポンピドゥー大統領が美術館への改装を発案した。建物は1973年に歴史的建造物への追加候補として緊急登録され，設計コンペが開催された1978年に認定された。こうして駅は解体の難を免れることができたのである。

図13・3　オルセー美術館外観

13・2・3　美術館へのコンバージョンによる再生

美術館への最初の改築はコンペによって選ばれた3人の若い建築家に託された。その後インテリアデザインは，イタリア人の女性建築家ガエ・アウレンティが担当した。ターミナル駅舎のような巨大な建造物を大規模な美術館としてコンバージョンしたのはこれが世界で初めての事例となった。

建物の装飾は，昔の趣を再現しながらも，新しい要素も取り入れた。アーチが連続するヴォールト状の天井に施された薔薇の彫刻は，オリジナルの造形を忠実に復元しつつ背後に共鳴器をとり付けて空調の残響を避け，通気口を隠した仕組みになっている。1986年に美術館は盛大に開館した。

近年の改装では展示壁面全体に落ち着いた色が施され，最新の照明も設置されたことによって，作品の繊細な色合いを引き立てている。また観覧経路の見直しにより，ポスト印象派作品が中央階に集められた。ホテルのダイニングルームは，今でもオルセー美術館のレストランとして利用することができ，大時計を裏側から見る開口部は新しい見所となっている。

取り壊されるはずであった巨大駅舎の建物が，大規模で大胆なコンバージョンによって息を吹き返し，今やパリの街になくてはならないランドマークとなって，その姿をとどめている。

図13・4　柔らかい外光が注ぐ彫刻展示室

【NOTE】

13・3　これまでにない発想が求められる空間の「再生」

13・3・1　更新期を迎えた住宅団地の再生

戦後に大量供給された住宅団地が構造的かつ機能的な寿命を迎えている。これらを取り壊して新築するという従来の考え方から脱却し，既存建物の特徴を活かした創造的な団地再生計画が，各地で実践されている。既存建物の耐震性能や温熱環境などの欠点を克服するとともに，現代のライフスタイルに合わせた新たな空間の提案を含む多くの団地再生が国内外で試みられている。

【事例13·1】　ホシノタニ団地

ブルースタジオ＋小田急電鉄，座間，2016

事例13・1　ホシノタニ団地外観と貸し農園

1961年に小田急電鉄が駅の隣接地に建てた団地型社宅の賃貸住宅への改修。単なる建物のリノベーションではなく，敷地全体のコンセプトを新たに構想し，周辺を含めた街の活性化につながった先進的な再生事例である。

一階は子育て支援施設や農家カフェ，ランドリー，キッチン付きの集会所など公益性の高い機能に用途を変更した。また駐車場は土に戻し，子どもの遊び場となる築山や入居者以外も利用できる貸し農園，ドッグランを設け，日常的に入居者同士や地域住民と交流する仕組みをデザインした。

基準階は2DK住戸の間仕切り壁を撤去し，ナラ無垢材の床による広いワンルームのシンプルな内装で，子育て世代やゆとりの一人暮らしに最適なサイズとした。1階は広いテラスとガーデニングができる専用庭付き住戸とした。

【事例13·2】　洋光台団地リノベーション

佐藤可士和＋隈研吾＋UR都市機構，横浜市磯子区，2018

事例13・2・1　洋光台団地リノベーションの縁側空間

「団地の未来プロジェクト」と称して建築家とデザイナーらが取り組んだ，1971年建設，住戸数1,264戸の大規模団地改修計画。ダイナミックな起伏と複雑な平面形状をもつ既存広場になじむ大きな庇を設け，敷地の高低差を活かした2階デッキと高い天井の開放的な「縁側空間」による新しい風景を創出した。

広場の素材にはリサイクル材や自然素材などの環境に配慮した素材を採用し，人と自然に優しい“やわらかい広場”として再生。また建物の壁面全体に設置されていたエアコンの室外機置き場を木目調の穴あきパネルで覆い，室外機のようなマイナスな景観要素をポジティブに反転した。

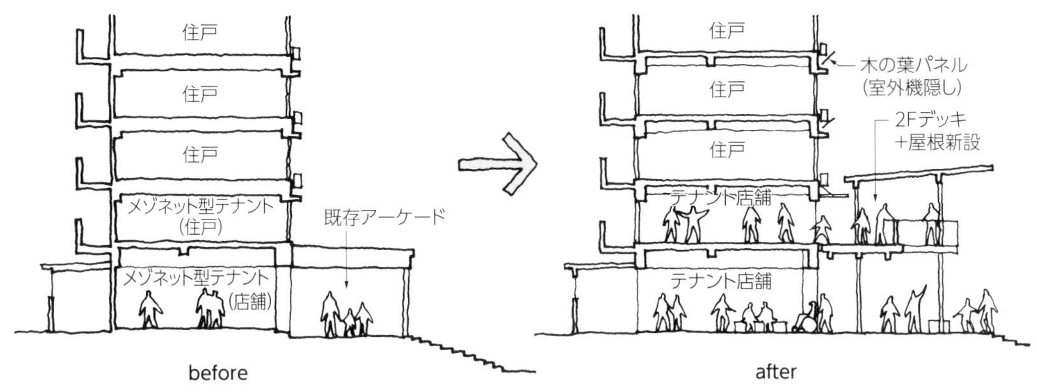

事例13・2・2　洋光台団地リノベーション断面図

13・3・2　社会インフラを商業施設へ再生

老朽化し，時代の変化とともにその役目を終えた鉄道や港湾施設などのインフラの更新と再生は，社会的に大きな課題である。元の建物の保存と再利用を伴うことで地域の歴史を未来に伝え，街や地域を活性化する起爆剤となりうる。

【事例13･3】　日比谷 OKUROJI

設計：吉田裕一建築設計事務所＋東鉄工業＋交建設計＋ AE ＋ SUPERBALL，東京都千代田区有楽町駅～新橋駅間 JR 高架下，2020

事例13・3　日比谷 OKUROJI　内観

JR 山手線，京浜東北線，東海道本線，新幹線が通る全長約300m の鉄道高架橋の下を，誰でも利用できる開放的なパブリックスペースとし，通路と広場の中間的な性格をもった公共空間と商業施設に改修した。100年を経過した鉄道遺構の古いレンガ架構をそのまま表し，鉄板で耐震補強した柱に間接照明を取り付け，周りに木製のベンチを設置するなど空間要素として再生している。

飲食店を中心に新たに付加した空間要素は極力シンプルなデザインに徹することで，既存のレンガ壁を引き立たせている。場の歴史を引き継ぎつつ，個性的で親しみやすいインテリア空間を生み出している。

【事例13･4】　マーチ・エキュート神田万世橋（万世橋高架下開発）

設計：みかんぐみ＋JR 東日本建築設計事務所，東京都千代田区，2013

事例13・4　マーチ・エキュート神田万世橋　外観

万世橋駅は1912年に中央線のターミナル駅として建築家・辰野金吾の設計により誕生した。1936年には駅の一部を鉄筋コンクリート３階建てとして交通博物館となったが，2006年の移転後に解体され，旧万世橋駅の鉄道遺構を再生した商業施設として2013年に生まれ変わった。

神田川に沿ってデッキ空間を新設し，昔のプラットホーム上には鉄骨造のガラス空間による展望デッキとカフェを設け，歴史ある赤レンガ造りを活かしつつ，新たな空間の魅力を掘り起こした商業施設として再生されている。

13・3・3　空き家住居を地域に開かれた複合施設へ再生

「せんつく」は「千の人が住む」東京都足立区千住地区で10年間空き家だった築50年の民家を，「千」の「つくる」が行き交う場を目指した複合施設へと改修した事例である。

駅前の商業地域から離れ，一棟貸しによる事業が成立しにくいことから，改修後の用途や運営についての新しい事業モデルが模索された。その結果，空き家の所有者と設計事務所の共同出資による，飲食店，整体・カフェ，料理教室，イベントスペースなど複数の業態が入居する複合施設として，2020年に開業した。

図13・5 「せんつく」
設計：ARCO architects，東京都足立区千住，2020

断熱・耐震性能の向上や一部壁や天井の撤去，床材の交換など，必要最小限の改修にとどめ，既存建物のもつ素材感や風合いを活かした。また街路に面したブロック塀を撤去してデッキやベンチを設け，地域に開かれた施設としての表情を創り出した。

「せんつく」の事業の成功を受け，同じく近隣地区で長年空き家となっていた古民家を改修した「せんつく２（ツー）」が2022年に誕生した。１階は無料食堂を兼ねた飲食店，２階に家庭に課題を抱える子どもたちを対象とした学習塾や多目的室，図書スペースで構成される複合施設である。

計画では既存建物の内外装を全て解体して木造躯体のみとし，増築部分やブロック塀を全て撤去した。また３面接道という敷地条件を活かし，１階はガラス張りの開放的なファサードとすることで，街を見守りながら賑わいをもたらす拠点としての役割を担うことが期待される。

図13・6 「せんつく２」外観
設計：ARCO architects，東京都足立区千住，2022

いずれの施設も設計事務所が施設を直接運営することで，テナントや地域のニーズを汲み取り，持続的に施設を更新・活用するフレキシブルな仕組みを構築し，地域の拠点づくりにつながる場のデザインを実践している。

こうした事例から導かれる再生デザインのキーワードとして，以下のような項目が挙げられる。

・空間のおおらかさ／シンプルさ
・空間の可変性／フレキシビリティ
・造作を作り込み過ぎない／DIY の余地を残す
・内外の中間領域／内外との多様な関係性をもつ
・開放性とプライバシーの両立
・周辺との共存・共生／街の記憶を継承する
など

■worksheet 13　**役割を終えた古い建物の，異なる用途へのコンバージョンを構想してみよう。**

例：小学校 → コミュニティ施設，オフィスビル → 宿泊施設，など。文章やイラストで自由に表現する。

第13章
exercise

〈中古住宅の再生〉

【問題1】　これからの時代は中古住宅を活かして使うこと，即ち中古住宅の流通市場を成熟させることが，［　　　］の観点からもますます重要と考えられる。

1．省資源

2．住宅の品質向上

3．景観保全

〈水廻りのリフォーム〉

【問題2】　水廻りのリフォームは設備や建築的な制約も多い箇所である。その点ユニットバスは在来工法に比べて収まりなどが容易である。浴室の腰から上に窓を付けたり，壁や天井の仕上げを変えたり，ある程度事由に設計できる［　　　］ユニットタイプも増えつつある。

1．フル

2．ハーフ

3．サニタリー

《解説》

【問題1】　日本の住宅市場の特徴は新築が多く，中古住宅の流通が一割程度と少ないことは欧州と対照的で，日本の住宅寿命の短さを反映している。空き家問題や中心市街地の空洞化問題など，各地で起きている事態の解決を図るうえでも，建築再生の取り組みは重要性を増している。

【問題2】　ユニットバスの寸法は建築のモジュールを考慮したサイズで構成され，「1717」のようにユニットの平面内法呼び寸法を表わす数字で呼ばれている。ハーフユニットタイプは，防水性が重視されるバスタブ・洗い場部分がセットになっているもので，施工性が良い。

《解答》

【問題1】　1　　【問題2】　2

第14章

インテリアと社会

インテリアの仕事は
さまざまな人がかかわりあいながら
進んでいくものであるということを
さまざまな視点から考えていきます。

設計者／デザイナーは，かかわる人間同士の
「関係性をデザイン」するともいえるだろう。

◇この章で学ぶ主なこと◇

1　インテリアの仕事は関係性のデザインである
2　インテリアの仕事をつくりだす工夫
3　インテリアの仕事はまちづくりに繋がる

14・1　インテリアの仕事は関係性のデザインである

14・1・1　関係性のデザイン

1つの空間をつくる，それはとても素晴らしく創造的な行為である。だが設計者／デザイナーが1人の考えだけで実現させるわけではない。そこにはクライアント（施主）からの，要求条件があり，予算が決められている。設計するためのさまざまな条件を，設計者／デザイナーがプロジェクトに関係する人たちと調整しながらまとめていくことは2章でも触れた。1つのプロジェクトにかかわるさまざまな役割の人たちへ設計に関する考え方を説明して納得してもらい，問題点があれば早期に発見して解決するために打ち合わせを行う。定められた工期内で完成させるために同じ方向を向いてプロジェクトを進めるための舵取り役として設計者／デザイナーが存在していることを認識しよう。

設計者／デザイナーは，かかわる人間同士の「**関係性をデザイン**」するともいえるだろう。

プロジェクトの規模や予算に応じて，誰と・どんな業種の人と一緒に進めていくかをデザインすることは，プロジェクトの進行にとって重要な視点である。

14・1・2　工程による人のかかわり方

プロジェクトの規模や内容により，かかわる人間の職種には違いがある。飲食店の例を図14・1で示す。プロデューサー（施主を兼ねることも多い）が，その地域の顧客ニーズを調査したり店のブランドイメージを固めた上で，設計者／デザイナーへ依頼する。設計者はイメージを空間に反映させて照明設計者らとそのイメージを共有しながら基本設計を進めていく。調理設備や空調設備などを設備設計者や什器・設備のメーカー担当者と打ち合わせて機器を決定したり，ショールームに施主と同席して色や素材を選定しながら実施設計図に反映させていくこともある。工事着工前から現場監督とスケジュールの打ち合わせを行い期限内に完成させる方法を探る。現場で生じる問題点があれば現場監督や職人と意見交換して解決方法を探る。

このようにして，プロジェクトのゴールまで工程の進み具合に応じて多種多様な人たちがかかわっていることが分かる。

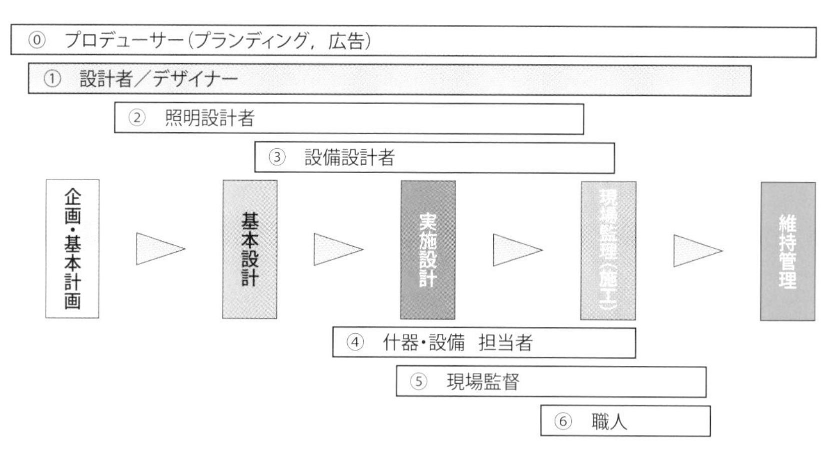

図14・1　工程ごとの人のかかわり方

14・1・3　完成後のかかわり方

プロジェクトが完成すると使用が開始されるが，使用具合により改良点が生じることもある。標準化されたシステムでつくられたチェーン展開された店舗では可能であるが，独立店舗の場合は施工会社に連絡して対応を依頼することになるだろう。特にお客の使用するエリアであれば設計者／デザイナーが介入してより良い使い勝手になるよう完成後も整えていくこともある。町の医者，整体師のような存在になることもあるだろう。施主にとって信頼できる存在になることは設計者／デザイナーにとってやりがいを感じる。また施主のつながりから新たなプロジェクトの施主を紹介してもらうこともあるだろう。プロジェクトの完成が終わりではなく，完成後も良好な関係を築くことが大事である。

プロジェクトが完成してからも付き合いが続いていく例として，図14・2は靴デザイナーをされているクライアントが，設計者の運営するギャラリーでトークイベントを兼ねた展示会を実施した。

開かれたギャラリーという場所を，イベントを開催したりされたり，という場を持つことで竣工後も良好な関係を構築できているという例である。

図14・2　gallery 一畳十間のイベント
（提供：小大建築設計事務所）

【NOTE】

14・2　インテリアの仕事をつくりだす工夫

14・2・1　建築とインテリアの関係

建築とインテリアの関係を２項対立的な言葉を用いてさまざまな視点で比較してみよう。

「街と敷地」は敷地境界線で明確に仕切られる。「敷地と建物」は外壁や屋根といった要素で境界をつくる。「外と中」という場合は，開口部等で仕切られるイメージが追加されるだろう。「スケルトンとインフィル」はマンションで例えると構造躯体と内装計画の区別をあらわし，「下地と仕上げ」は目に見えないものが下地で見えるものは仕上げとなる。「ハードとソフト」は，パソコン本体と中のアプリケーションがイメージしやすいが，インテリア空間では窓とカーテン，フローリングとその上のカーペット，テーブルとその上の食器と見ることもできる。いい替えれば「動かせないものと動かせるもの」と解釈することもできる。

このような対比的な考え方は，空間を設計する上でさまざまな読み替えにより発想を豊かにする。一方で仕事内容を明確に区分するためにも必要である。建築とインテリアの区分が明確でないプロジェクトが増えている。建築家とインテリアデザイナーが協働し，１つのプロジェクトを完成させる場合には，プロジェクトの初期段階から同席してコンセプトを共有した方が良い。

建築とインテリアはもともと一緒のものであったが，時代が進むにつれて分業になっていったことを考えると，プロジェクトの規模や内容によっては協働するのが自然な流れでもある。その上で，区分によって報酬の範囲を明確にすることも必要になる。

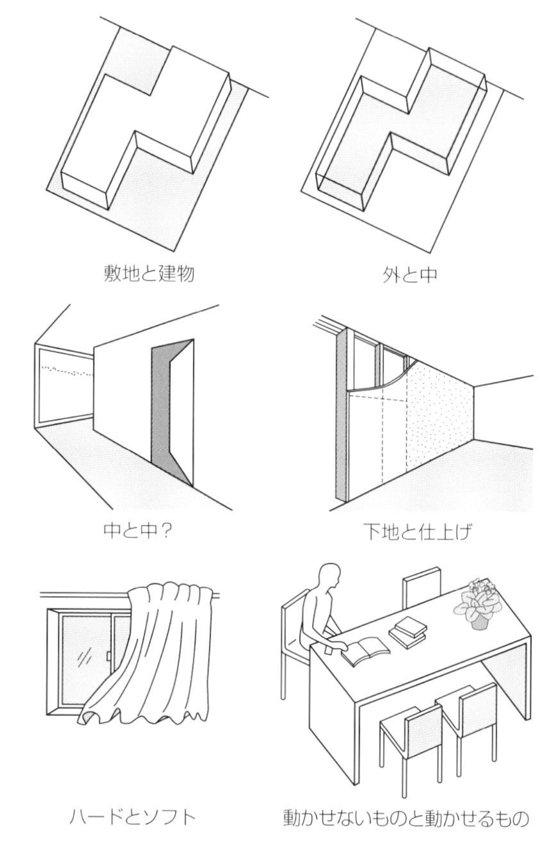

図14・3　２つの言葉の例

14・2・2　インテリアの仕事をつくりだす方法

インテリアの仕事をつくりだすために，設計者はどのような取組みを行っているのだろうか。ここでは，ある建築設計事務所がリノベーションを事業として実践している実例を紹介する。どんなところに工夫があるのか，次ページのコラムからイメージして考え，他の人と話し合ってみよう。

■コラム　「一畳十間」

□「一畳十間」ができた経緯・発想

2021年にコロナ禍でより暮らしに向き合うようになり，本当に満足した家に住んでいるという人が世の中にどれくらいいるのか疑問に感じました。

ブランドのイメージ

日本人は消費社会の中で人間の方を住宅という箱にはめ込んで暮らしているのではないか。そんな疑問から，本当の豊かな暮らしを求めて「一畳十間」というフルリノベーションブランドを始めました。

□一畳十間とは？

一畳十間は「日本の心地良い美がある暮らし」をテーマに掲げるフルリノベーション設計ブランドです。日本人の暮らしの中で培われてきた知恵や長く親しまれてきた素材を大切にしたいと考え，素材にはオリジナルのディティールを施し，日本家屋の優れた知恵を現代の生活様式に取り入れています。

ブランドネームは，一つの空間（畳）でも十分に足りる，十通りもの居心地の良い場所（間）がある暮らしという意味合いを込めて名付けました。本来暮らしは愉しく，家は豊かさを想像する場所であるはずだと考えます。住まう豊かさを求めて，間取りは人に合わせ自由に，素材は生命力を感じる生の質感を大切に，一人ひとりの心地良い暮らしを追及しています。近年は便利さを求め効率性を重視した光沢のある人工素材が増えました。

一畳十間では，豊かな日本の風土で生まれた自然素材を選定し，標準化することでコストを抑え，自然素材を身近な存在にすることを命題に掲げています。生の質感が出す手触りや職人の手で加工された表情が年数を経て，家族と穏やかに変化し馴染み，生活に活力を与えていくことを願っています。

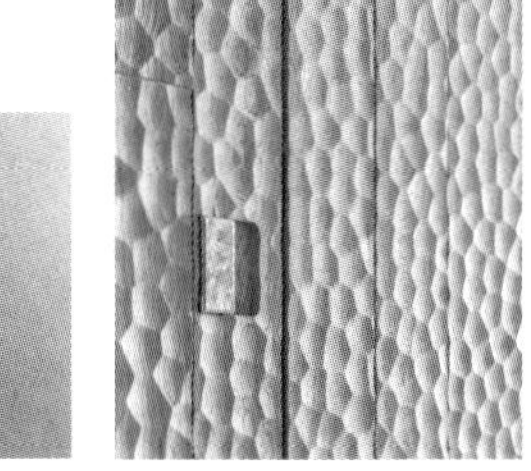
素材・仕上げの表情

□告知の方法

一畳十間がリノベーションした場所を実際に見てもらえるように，竣工した現場の内覧会を定期的に企画しています。また，SNSを活用して内覧会情報を定期的に流しています。SNSによる販促活動は，一畳十間がどのくらい興味を持たれているかを確認する上で最も重要な要素であると考えています。

告知の例

(次ページへ続く)

（次ページからの続き）

□今後の展開について

一畳十間のような自社サービスをスタートしたことにより，設計，企画，運営までを一貫してかかわることでクオリティの高い空間をつくることができました。ベース（下地）となる空間のイメージや素材のフォーマット（標準型式）をつくることで，依頼者とのミスマッチを無くすことができました。今後は住宅だけでなく，兼用住宅やギャラリーなどのリノベーションも進めていきます。

before

after

before

after

リノベーションの before after（撮影：堀越圭晋／エスエス）

小大建築設計事務所 (kooo architects)

事業名：暮らしと素材事業部　事業開始：2021年３月

建築家・小嶋伸也，小嶋綾香が率いる東京・上海を拠点とする設計事務所。現代の情報化社会で表層的になった人間関係，薄れた地域性の再生を目指すために小さくローカルなものからでも人が集う場作りをし，持続的でありながら大きな経済性を生み出すような設計を心がける。
「日本の心地良い美がある暮らし」をテーマにしたフルリノベーションブランド「一畳十間」の運営も行う。

■worksheet 14　インテリアの仕事をつくりだすことについて考えてみよう。

良いと感じた点

注意すべき点

あなたならどんなやり方で進めるか

14・3　インテリアの仕事はまちづくりに繋がる

14・3・1　インテリアと社会は繋がっている

現代のストック社会においては，スケルトンとしての建築の耐震性や断熱性を問われることはあるものの，インフィルとしてのインテリア空間をどうリニューアルしていくかが問われる。都心部では土地価格が下がらず，新築・改築するよりもリノベーションする方が工事費も安価である。例えば事務所ビルの建築躯体性能が信頼できる場合，テナントとしての空間はそこで何が行われるか，という中身の部分，ソフトの内容が問われている。

ここでいうインテリアの仕事は，「何のための空間なのか」，「どんな風に地域の役に立つのか」，という回答を示すことが求められる。特に地域とどう接するかという提案が社会に求められることが増えた。

14・3・2　インテリアづくりはまちづくり

1階をガラス張りにして中で行われていることを積極的に外部に見せていく，というのは美容室や飲食店などでお客を集めるために良く行われる方法である。

近年，さまざまな用途で開かれた店づくりを考える例が増えている。株式会社グランドレベルでは「1階づくりはまちづくり」と提唱しさまざまな提案を行っており，代表例として「喫茶ランドリー」という店舗を運営している。ここではお客が貸し洗濯機で洗濯をしながらお茶を飲む，という機能だけでなく貸しスペースとして用意された空間で地域の人たちがさまざまなイベントに活用している姿が，ガラス越しに垣間見える，という点が興味を惹かれる。何か面白そうなことをやっているからのぞいてみよう，という人間の興味をくすぐる仕掛けは，その活動が地域に開かれるためにも路面で展開される店舗にとっては大事な要素である。

このようにインテリアの仕事は，地域社会へ開かれることで新たな展開が期待できる。そのためにはさまざまな業種の人が明確なコンセプトに沿ってプロジェクトを進めていくことになり，他者の仕事を理解しながらも業種の壁を時には横断しながら協働し完成に向かって進めていくことが大事な視点となるだろう。

図14・4　喫茶ランドリー

事業主体：株式会社グランドレベル，設計監理（1階内装）：ブルースタジオ＋石井大吾デザイン室一級建築士事務所
不動産コンサルティング：創造系不動産

第14章
exercise

〈コーポラティブハウスの企画・設計〉

【問題1】 コーポラティブハウスの企画・設計に費やされる作業量は通常の集合住宅に比べて多く，時間もかかることになるが，入居前から居住者同士の人間関係を育み，よい［　　　］が育成される利点もある。

1．アメニティ
2．サスティナビリティ
3．コミュニティ

〈スケルトン・インフィル〉

【問題2】 スケルトン・インフィル方式による集合住宅は，入居者の自由設計や，住居から事務所など他の用途への変更も可能となるなど，変化するニーズに対する可変性を持たせることにより，建築としての［　　　］を目指している。

1．長寿命化
2．高性能化
3．高耐久化

《解説》

【問題1】 コーポラティブハウスは，居住者が建物の企画段階から参加し，すべて話し合いにより建設を進めていく集合住宅のことである。とかく画一的になりやすい集合住宅のインテリアで，かなりの自由設計が可能になる。

【問題2】 スケルトン・インフィルとは，建物を躯体・共用設備・共用スペースなどの共用部分と住宅内部の設備・内装などの専有部分とに明確に分離し設計・施工する方式で，集合住宅の建て方のひとつである。

《解答》

【問題1】 3　【問題2】 1

第 15 章

インテリアのこれから

室内で健康かつ快適に暮らし，働くことの
大切さが改めて見直されています。
働き方の改善は，人々の生活の質の見直しにもつながります。

効率的かつクリエイティブな生活の場としてのインテリアが
これからの時代にますます求められています。

◇この章で学ぶ主なこと◇

1 これからのインテリア素材と製品は循環型社会を促進させる

2 これからのインテリア設備や装備は持続可能なくらしを支える

3 これからのインテリア空間はくらしの効率化と創造性をはぐくむ

15・1　これからのインテリア素材と製品は循環型社会を促進させる

15・1・1　これからの時代のインテリアはどうなるか

地球環境・少子高齢時代の到来によって，建築・インテリアデザインの領域では今までとは異なる発想やアイディアが求められている。ライフスタイルの変化は空間デザインにも多様な価値観をもたらしている。また東日本大震災や台風，大雨などの度重なる自然災害による防災や減災に関する意識の高まりが，建築やインテリアデザインに及ぼす影響も少なくない。

2020年頃から世界中に蔓延した新型コロナウィルス（COVID19）は，「ステイホーム」や「ソーシャルディスタンス」などの「新しい生活様式」へシフトし，こうした暮らしの変化を一層加速させている。

新型コロナウイルス対策の影響により，遠隔方式による会議などのコミュニケーション手段が社会へ大きく浸透することで，働き方や学び方の場所や時間の概念が大きく変わった。日常生活だけでなく，旅行や休暇，イベントなどの非日常の生活も，コロナ禍によって大きく変わろうとしている。これからの時代に向けて，建築・インテリアにおいてどのような考え方が重要となっていくだろうか。

15・1・2　エントロピー増大の法則とインテリア

建築やインテリアでは多種多様な自然素材や人工素材を組み合わせて空間やモノをつくる。

しかし，そもそもたくさんの素材を組み合わせて物をつくることは，どのような事態を引き起こすのだろうか。

1）素材を混ぜてモノをつくる→2）完成後は内容がわかりにくい→3）容易に解体分別できない→4）素材を再利用できない→5）廃棄物が増加する→6）地球環境が悪化する

これは「エントロピー増大の法則」そのものといえる。これからの建築やインテリアの素材や部品のあり方，建設行為や建物の使い方などの考え方を変えない限り，地球環境に対して大きな負荷を与え続けてしまうことになる。このことから，素材や製品に対するエコ・マテリアルとライフサイクル・アセスメントの考え方が重要となる。

■「エントロピー増大の法則」エントロピーとは「乱雑さ」のこと。すべての事物は自然のままにほっておくと，秩序があり整然とした状態（エントロピーの低い状態）から無秩序で乱雑な状態へ変化して行き（エントロピーの高い状態），外から大量のエネルギーを加えてやらない限り，決してその逆は起こらない。

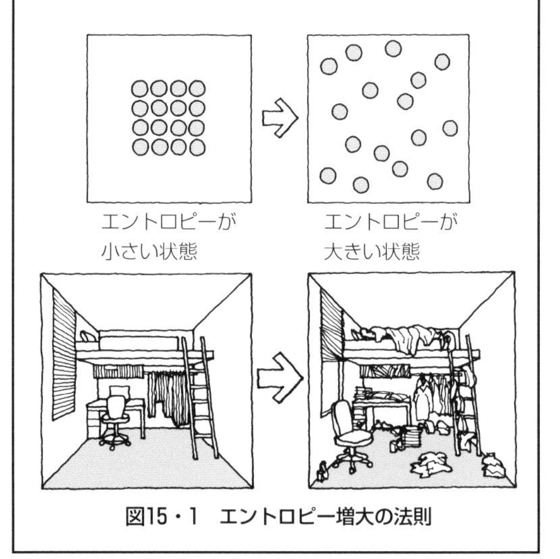

図15・1　エントロピー増大の法則

◆エコ・マテリアル eco-material

エコ・マテリアルとは，環境を意識した素材（Environmental Conscious Material）または環境調和型の素材（Ecological Material）の略。優れた特性・機能を持ちながら，より少ない環境負荷で製造・使用・リサイクルまたは廃棄でき，しかも人に優しい素材，または材料技術のこと。木材などの天然素材はそのほとんどが優秀なエコマテリアルである。

・エコ・マテリアルの4つのコンセプト

1）分解しやすいこと 2）使用材料を限定すること 3）有害成分を含まないこと 4）循型社会に適合すること

【事例15·1】 光触媒コーテイング

光触媒とは，紫外線を当てると有機物を分解する効果をもたらすもので，室内でも使用できる。光触媒効果のある塗装材により，太陽光により外壁や室内の床壁等の汚れを分解し，洗い流す仕組み。自然エネルギーを利用した洗浄効果であり，維持管理を軽減し，環境負荷の低減につながる。

◆ライフサイクル・アセスメント LCA (Life-cycle Assessment)

→ある材料や製品が資源の調達から製造，使用，廃棄，リサイクルに至る一生の間にどのくらい環境に負荷をかけるかを定量的に判定する，環境影響評価のこと。

【事例15·2】 アクアクリーン

わずかな水だけで汚れを落とすことができる布地の加工技術。カバーが外せない椅子やソファの張り地のメンテナンスが簡単かつ最小限の手間で行うことができる。

15・1・3　SDG'sとエシカルなインテリア

◆SDG's Sustainable Development Goals

「持続可能な開発目標（SDG's）とは，2001年に策定されたミレニアム開発目標（MDG's）の後継として，2015年9月の国連サミットで採択された「持続可能な開発のための2030アジェンダ」にて記載された2030年までに持続可能でよりよい世界を目指す国際目標である。17のゴール・169のターゲットから構成され，地球上の「誰一人取り残さない（leave no one behind）」ことを誓っている。SDG'sは発展途

図15・2

上国のみならず，先進国自身が取り組むユニバーサル（普遍的）なものである。（外務省 HP）

◆エシカルなインテリア

「エシカル（ethical）」とは倫理的な，道徳的なという意味である。商品が作られた背景（産地や人，素材など）に配慮して企業やその商品を選び購入することをエシカル消費という。インテリアデザインにおいても，これからは材料の調達から製造の過程で環境や社会に大きな負荷を与えないことや，労働環境の改善や適切な廃棄処理に配慮するなど，さまざまな社会課題の解決を視野に入れた素材や製品の選択と使用が重要となる。

- 人に配慮する商品選び：障害者など社会的弱者の支援につながる商品など
- 社会に配慮する商品：フェアトレード商品，寄付付きの商品など
- 環境に配慮する商品：エコ商品，リサイクル商品，再生可能な商品，資源保護等に関する認証がある商品など
- 地域に配慮する商品：地産地消，被災地産品，復興支援商品，伝統工芸品など
- その他：長期使用に耐えられる商品，部品を交換して使い続けられる商品など

worksheet 15　近未来のインテリアはどんな世界になるか考えてみよう。

①近未来のインテリア素材について，②近未来のインテリア設備や装備について，③近未来のインテリア空間体験や空間感覚について，１枚のドローイングにまとめ，文章で解説してみよう。

15・2　これからのインテリア設備や装備は持続可能なくらしを支える

15・2・1　地域の再生可能エネルギーを積極的に活用する

◆再生可能エネルギーの地産地消による地域内経済効果

エネルギーの地産地消とは，地域のくらしや産業に必要なエネルギーを，地域の再生可能エネルギー資源によってまかなうことである。富が地域外に流出せずに地域内に残り，地域の中で富が循環することで，地域の経済効果も相乗的に増大する。

重油や灯油といったエネルギー資源に頼ることは，地域外にほとんどの富を流出させることになる。地域の宝である「自然エネルギー」を再発見し，これを上手く活用することで，富が地域の中で循環し，地域が本当に豊かになるとともに，地域に新たな雇用を創出し，災害時の強靭さ（レジリエンス）の向上にもつながる効果が期待される。

◆再生可能エネルギーの地産地消の活用例

仏教の思想「五大」とは，あらゆる世界を構成しているとされる，地・水・火・風・空（ちすいかふうくう）の五つの要素のことをいう。「五大」は地産地消を目指す再生可能エネルギーの要素とも共通するものがある。

地 earth：地中熱利用，地面への蓄熱。

水 water：雨水利用，節水型機器の利用，自家水力発電の利用。

火 fire/solar：太陽熱利用，蓄熱，太陽光発電，自然採光の接極利用。

風 wind／空 air：自然通風による自然換気

→風の通り道をつくる，自家風力発電の利用。

「煙突効果」＝暖められた空気が上昇する性質を利用して自然換気により，新鮮な空気の取り込み，空気を浄化する。

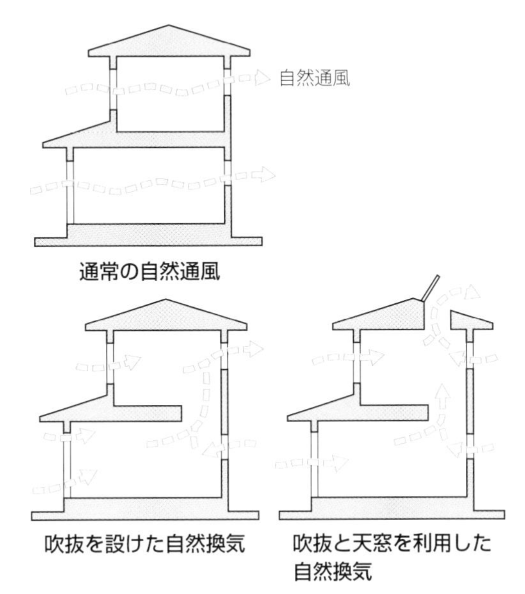

図15・3　自然通風と「煙突効果」を利用した自然換気

15・2・2　エネルギー消費が少なく衛生的なインテリアを計画する

高断熱化，高気密化，日射遮蔽または日射の取り込み，開口部の高断熱化などによって，より快適に暮らしながら同時にエネルギー消費を減らすことができる。高気密高断熱仕様による住宅は年間のエネルギー使用量が半減するだけではない。家全体が同じ室温を保たれることで，ヒートショック※などの危険性を減らすとともに，部屋同士の間仕切りが不要となって家中が一つにつながり，開放的なインテリア空間を実現する。

※ヒートショック：冬場の急激な温度変化によって血圧が大きく変化し，心筋梗塞や不整脈，脳梗塞などを引き起こす健康被害のこと。

◆室内の断熱性能に深く影響する窓まわり

インテリアの計画において，窓や扉など開口部からの熱損失が圧倒的に大きいことに留意する必要がある。開口部からの熱損失を減らすためには，主に以下の方法がある。

1）ガラスの種類による断熱：熱線吸収ガラス，熱線反射ガラス，複層ガラスなどを使用することで，ガラス面を通した熱損失を減らす。

2）サッシの種類と構造による断熱：アルミサッシ＜アルミ＋樹脂複合サッシ＜樹脂サッシ・木製サッシの順で断熱効果が高くなる。

3）ウィンドウトリートメントの活用：冬には開口部を厚手のカーテンやハニカムスクリーンなどで断熱し，夏にはすだれや外付けシェード・ブラインドなど開口部の外側で遮光・遮熱すると更に効果的である。

◆外部と内部の中間領域を活用する

キャンプなどアウトドアブームの人気とコロナ禍の衛生意識の高まりが追い風となり，「土間」付きの住宅やマンションが注目されている。伝統的な日本家屋では土を固めて仕上げた床による土間が，炊事や雨天時の作業場として重用されていた。現代の土間はタイル張りなど仕上げこそ違うものの，洗面所やバルコニーなどと直結した土足で入れる土間空間は，ベビーカーや高級自転車の置き場なども兼ね，特に若いファミリー層に人気が高い。また飲食店や公共空間の計画においても，「土間」や「縁側」など，外部と内部の境界にあたる中間領域のデザインが見直されている。

15・2・3　インテリアの防災とレジリエンス

現代社会において自然災害はもはや想定外の事象ではない。日常生活でいつ災害が発生してもその影響を最小限にとどめ，すみやかに回復できることが求められる。この能力のことをレジリエンス（回復力・強じんさ）と呼ぶ。

大地震が発生すると家具や大型の家電などが転倒して大ケガをしたり，時には生命に関わる危険性もある。家具の転倒防止対策を行うほかに，通路や扉など非難動線を考えた家具レイアウトを検討することも重要である。

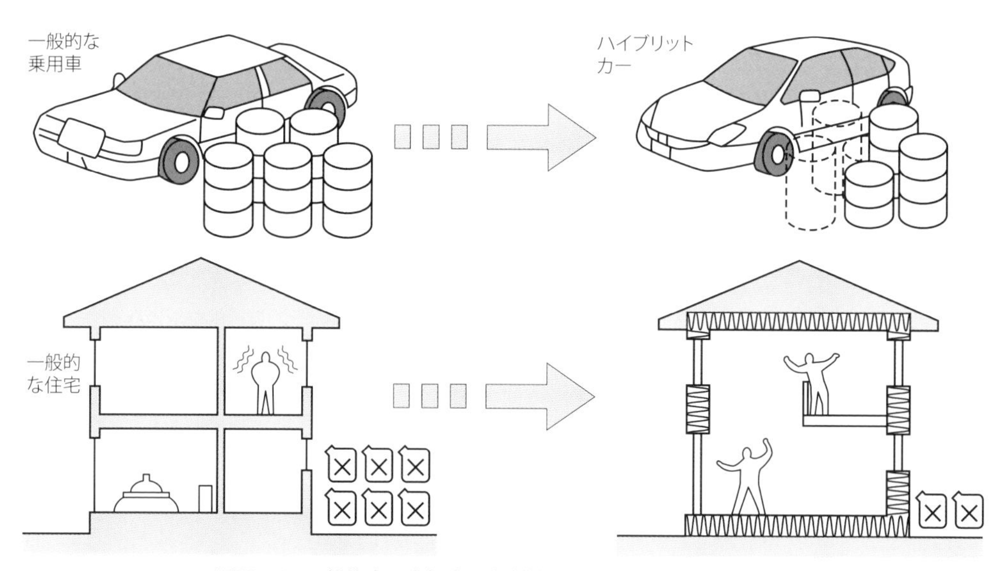

図15・4　一般住宅と高気密・高断熱住宅のエネルギー消費比較

15・3　これからのインテリア空間はくらしの効率化と創造性をはぐくむ

15・3・1　これからのインテリア空間感覚

◆XR や AI を活用した空間体験・認識へ

IT 技術の進展により，視野の拡大や拡張によって空間の体験が変わるだけでなく，空間デザインの方法やプロセスも大きく変わりつつある。

疑似空間の体験は，VR（バーチャル・リアリティ＝仮想現実）から AR（オーギュメンテッド・リアリティ＝拡張現実）へと進化し，現実の世界と重ね合わせて完成前のインテリアを体験・共有することができる。更に MR（ミックド・リアリティ＝複合現実）では実際の空間に家具などの形状データを投影し，複数の人が同時に体験・操作できる。

VR・AR・MR などを総称して XR（クロス・リアリティ）と呼ぶ。XR 技術を利用したメタバースは，仮想現実の中で自分が３Ｄアバターとして参加し，他者とコミュニケーションをとりながらさまざまなコンテンツを体験することができる。

ドローンや移動カメラによる映像は，今までに体験できなかった新しい視点を獲得する。AI を活用した画像認識や行動予測などの技術は，さまざまなくらしの行為の効率性や利便性を促進する。住宅や建物の至る所にカメラやセンサーなどが仕掛けられることにより，快適で安全かつ災害等を未然に防止する社会が形成される。

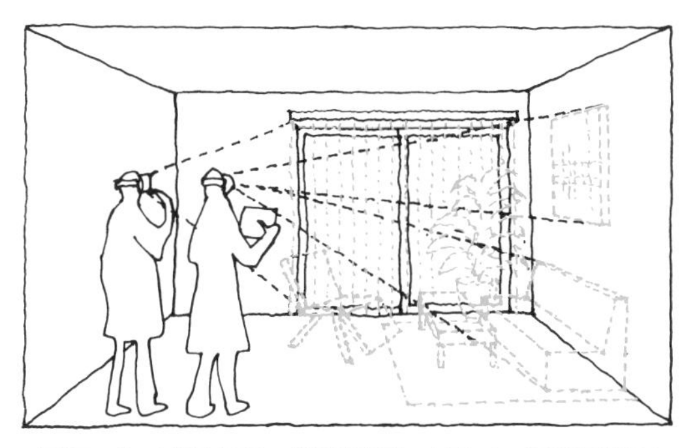

図15・5　拡張現実・複合現実によるインテリア計画

その一方で，個人や集団のプライバシー侵害などの危険性も課題として指摘されている。

◆モノをもたないくらしへ

「ミニマリスト」とは必要最小限のモノだけで暮らすミニマリズム主義者のことである。カーシェアなど地域の中でモノを貸し借りする仕組みもこれを後押ししている。モノと情報にあふれた社会の反動からか，極力モノを所有せず，必要最小限のモノを消費してくらすライフスタイルが，若年層を中心に現れている。そのキーワードは以下の通り，

- 必要なモノがすぐ手に入ること
- 不要なモノがすぐ片付けられること
- シェアリング・エコノミーの活用と拡充

15・3・2　働き方の改革による効率化と創造性

これからの時代には，室内において健康かつ快適にくらし，働くことの大切さが改めて見直されている。元来，建築・インテリアをはじめとする設計・デザイン業界はリモートワークとの親和性が高い業界であるが，遠隔通信手段を活用した「Web 会議システム」などの導入により，その働き方は大きな変化の渦中にある。

図面をはじめとする設計図書の作成は，建築・インテリアにおける設計技術革新，特に BIM※ を代表とするデジタル化の促進を筆頭に急速に変化している。図面だけでなく，３Ｄや CG パースなどの空間表現を施主と画面で共有し，その場で修正を加えるなどの効率の良い対

応が可能になった。また現場監理も設計者やデザイナーがリアルに現場に出向いて立ち会うだけでなく，遠隔方式によりバーチャルで監理する方法も活用されており，作業の大幅な効率化や合理化が図られている。

働き方の改善は，人々の生活の質（QOL＝Quality of Life）の見直しにもつながる。まず建築・インテリア関連の仕事にかかわる人の働き方やくらしに対する意識が変わることで，その結果として豊かでクリエイティブな生活の場としての空間デザイン事例が数多く生み出されることが期待される。

※BIM（Building Information Modeling）

15・3・3　変化するプライバシーとコミュニティ意識

レイ・オルデンバーグ（米，社会学者，1932-）は「サード・プレイス（原題：The Great Good Place)」の中で，コミュニティにおいては自宅や職場とは隔離された，心地のよい第3の居場所「サード・プレイス」が重要となる，と指摘している。筆者は，「ファースト・プレイス」をその人のプライベートな生活を営む場所，「セカンド・プレイス」を職場や学校など，おそらくその人が最も長く時間を過ごす場所とし，「サード・プレイス」はコミュニティライフの「アンカー」ともなるべき場所であり，より創造的な交流が生まれる場所と位置づける。

◆サード・プレイスの特徴

・利用料は無料あるいは安い
・食事や飲料が提供されている
・アクセスがしやすい，歩いていけるような場所
・習慣的に人が集まってくる
・フレンドリーで心地良い
・古い友人も新しい友人も見つかるようなところ

上記のような場所は真のサード・プレイスの特徴を備えていると，オルデンバーグは述べている。現代ではこれに加えて，モバイル機器の使用を前提としたWi-Fiや電源などが提供されていることも必須となるだろう。

あらゆる社会は，既に非公式の出会いの場所を備えている。コミュニティの核となる「とびきり居心地の良い場所」がストレスの多い現代社会を生き抜く潤滑油の役割を果たすことになる。

【NOTE】

【事例15·3】ソラトカゼト 西新井

永山祐子建築設計，東京都足立区，2022

地域に寄り添う新しいスタイルの生活創造型施設。比較的幅の広い歩道に沿った細長い建物の1階には生鮮食料品店，薬局，ベーカリーカフェが入る。デザインの特徴の一つが2階高さの半分ほどまで低く抑えられた発色チタン葺きの勾配屋根による軒である。その軒先を大きく歩道側へ迫り出すことで，人々を店内へ優しく招き入れている。建物の端から端まで遮られることなく延びる軒下に，大型の木製サッシによるガラス引き戸が並ぶ。身体のスケールに寄り添った低い軒天空間は，古民家の縁側のように開放的で居心地のよい，内と外の中間領域を作り出している。（口絵参照）

事例15・3・1　ソラトカゼト 西新井　外観

事例15・3・2　ソラトカゼト 西新井　ベーカリーカフェ内観

第15章
exercise

〈リサイクルマテリアル〉

【問題1】 建材には，再資源化した材料でできているものが数多くある。人造石であるテラゾーの一般的な原料は，天然の粘土や石英，長石などであるが，リサイクルしたマテリアルでは［　　　］なども利用されている。

1．大理石屑
2．FRP 屑
3．廃ガラス

〈エコロジー〉

【問題2】 夏期や中間期の夜間や早朝に，外気温度が室内温度より低い場合，涼しい空気を取り込んで［　　　］を行うことで，冷房負荷を削減することができる。

1．放熱
2．ナイトパージ
3．蓄熱

《解説》

【問題1】 ガラスのリサイクルは，廃棄されたガラスを細かく砕き，タイルの本来の原料である粘土や石英，長石などに混ぜて再利用されていて，滑りにくく，透水性に優れている。そのほかにコンクリートに混ぜる軽量骨材や，住宅の断熱材（グラスウール）などにも再利用されている。

【問題2】 ナイトパージとは夜間や早朝の空調停止中の時間帯に，冷えた外気を室内に取り入れるとともに，室内の暖気を排出しておくことで，建物内部や躯体に昼間蓄積された熱を冷却し，冷房立上げ時の負荷を軽減する考え方で，オフィスビルなどでも採用されている。

《解答》

【問題1】 3　【問題2】 2

索　　引

参考・引用文献

（口絵）

口絵①　撮影：Benh/ Wikimedia Commons / CC BY-SA 3.0

口絵②③④　提供：JR 西日本営業本部瑞風推進事業部
撮影：（口絵②のみ）「©Takashi Karaki」

口絵⑧　撮影：Myrabella / Wikimedia Commons / CC BY-SA 3.0

口絵⑮⑯　提供：新菱冷熱工業株式会社

口絵⑰　撮影：山田俊之

口絵⑱⑲　設計：板　茂　撮影：永禮賢　提供：日本財団

口絵⑳㉑　設計：片山正通 Wonderwall Ⓡ　撮影：永禮賢　提供：日本財団

口絵㉒㉓　提供：岸野浩太

口絵㉕㉖㉗　提供：永山祐子建築設計　撮影：高栄智史

（第１章）

図１・8　撮影：Benh/ Wikimedia Commons / CC BY-SA 3.0

（第２章）

図２・1　提供：JR 西日本営業本部瑞風推進事業部
１枚目撮影：「©Takashi Karaki」

（第３章）

図３・12，図３・16，事例３・1・1，事例３・2・1，事例３・4　撮影：佐藤勉

事例３・3・1　撮影：Myrabella / Wikimedia Commons / CC BY-SA 3.0

事例３・7　提供：「東京駅丸の内駅舎復原プロジェクト」ジェイアール東日本建築設計事務所
HP コラム　撮影：佐藤勉

p. 22. ミハイル・バフチーン（ロシア）「自分のなかに歴史を読む」阿部謹也，筑摩書房，1988

（第４章）

図４・1〜4，コラム写真　撮影：佐藤勉

（第５章）

図５・6　撮影：Gunnar Klack / Wikimedia Commons/ CC BY-SA 4.0

図５・11　「青空文庫」サイト内に全文掲載，谷崎潤一郎，中公文庫，1933　撮影：佐藤勉

（第６章）

図６・2〜3　提供：新菱冷熱工業株式会社

（第７章）

図７・2　提供：株式会社イトーキ

図７・8〜9　提供：日本財団　撮影：永禮賢

（第８章）

図８・C　撮影：渡辺信介

図８・D　撮影：高橋菜生

図８・4　提供：株式会社 MUJI HOUSE

図８・8，８・12　提供：株式会社仲本工業

（第９章）

図９・11　提供：NPO 法人 CHAr　モクチンレシピの web ページ

（第10章）

図10・4　提供：日本左官業組合連合会

図10・6　提供：東リ株式会社　Image Fit

(第11章)
コラム写真 1〜3, 5　撮影：新澤一平
コラム写真 4　提供：DOG 一級建築士事務所
(第12章)
事例12・1, 写真 1〜2　提供：エース物産株式会社フレイスインテリア Division
図12・2, 12・3　撮影：佐藤勉
(第13章)
図13・2〜6, 事例13・1〜4　撮影：佐藤勉
p. 116〜117　「ORSAY　DE LA GARE AU MUSEE」 Jean Jenger, Musée d'Orsay, 2006
(第14章)
図14・2　提供：小大建築設計事務所
コラム　提供：小大建築設計事務所　撮影：堀越圭晋／エスエス
図14・4　提供：株式会社グランドレベル　撮影：グランドレベル
(第15章)
事例15・3・1, 事例15・2　提供：永山祐子建築設計　撮影：高栄智史

(市ヶ谷出版社出版物より引用)
「初学者の建築講座　建築環境工学（第四版）」 口絵⑪⑫⑬⑭, 図 5・8, 5・9, 5・12, 6・1, 6・5, 6・7, 6・8, 6・9, 7・5
「初学者の建築講座　建築設備（第四版）」 図 7・3
「初学者の建築講座　建築構造（第三版）」 図 8・6
「初学者の建築講座　建築計画（第三版）」 図 9・4, 9・6
「建築ガイダンス　初めての建築を学ぶ人のために（2023）」 図 2・2
「インテリアコーディネーターになろう！ Excellent Drill」 事例 3・5
「近代建築史」 図 5・4
「建築構法（第五版）」 図 8・5, 8・7, 8・9, 8・11
「日本の伝統木造建築―その空間と構法」 図 9・8
「場所言論―建築はいかにして場所と接続するか」 図11・3
「燃費半分で暮らす家」 図15・4

あ と が き

これからは新築よりもリフォーム・リノベーションの時代だから，インテリアが主体となる建築分野とインテリア分野の入門的な本をつくろう！という大きな方針で３年ほど前から企画を練っていました。それならどんな教科書がいいのか，コロナ禍でいったん中断したときもあり，その間に高等教育の授業形式は一気に変わってきた時期でもありました。

変化の激しい現代に「建築インテリア」という言葉が意味するところは，とても幅広く奥行きのあるものですが，「建築」とつけたのは，建築とインテリア２つの分野の境界が曖昧になっていることから，お互いを関連させて学ぶ意義があると考えたからです。まず建築物があって，その中にインテリアがあり，インテリアを学ぶ方にはまず建築分野を，そして建築を学ぶ方にはインテリアへのつながりを，ということを強く意識しました。

また，今までの教育は時間内に何もかも教えようとして一方的な詰め込み授業が多かったのでは？これからの教育は教えすぎないことがいいのでは？と考えました。そこで建築・インテリアの分野に希望をもち入学された初学者たちが，15回の授業の各回で自分の頭で考え，手を動かすためのワークシートを用意して関連することを考え，そして周りの人と議論することで知識を深めてもらうことをイメージして構成しました。

監修の長澤泰先生からは教育者としての学生への接し方を学び，倉渕隆先生からは特に環境・設備分野とCOVIT-19対策に関する重要な視点をいただきました。共著の佐藤勉先生はインテリアの構成について何度も挑戦をされ，またイラストの多くを仕上げてくださいました。市ヶ谷出版社の澤崎社長をはじめ，吉田さん，中村さんには最後まで細かいところまで修正にお付き合いいただきました。また，多くの方々と企業・団体の方から図版・画像のご提供などご協力いただきました。この教科書に関わられた皆様へ，この場を借りて御礼申し上げます。

この教科書が，建築・インテリア分野のプロを目指す初学者にとって，入学してからの勉強の羅針盤のようになってくれたら嬉しく思います。

2023年２月

山田俊之

［執　　筆］　佐藤　勉　Tsutomu SATO
1992年　カリフォルニア州立大学バークレー校
環境デザイン学部建築学科修士課程修了
現　在　駒沢女子大学人間総合学群住空間デザイン学類教授
一般社団法人東京インテリアプランナー協会会長

山田俊之　Toshiyuki YAMADA
2000年　東京理科大学理工学研究科建築学専攻修士課程修了
現　在　日本工学院専門学校　建築学科・建築設計科　学科長

［監　　修］　長澤　泰　Yasushi NAGASAWA
1968年　東京大学工学部建築学科卒業
1978年　北ロンドン工科大学大学院修了
1994年　東京大学工学系研究科建築学専攻 教授
2015年　工学院大学副学長・建築学部長退任
現　在　東京大学　名誉教授，工学院大学　名誉教授，工学博士

倉渕　隆　Takashi KURABUCHI
1982年　東京大学工学部建築学科卒業
現　在　東京理科大学工学部建築学科教授，博士（工学）

初学者の建築講座　**建築インテリア**

2023年３月15日　初 版 印 刷
2023年３月30日　初 版 発 行

監　修　長 澤　泰
　　　　倉 渕　隆
執　筆　佐 藤　勉
　　　　山 田 俊 之
発行者　澤 崎 明 治

印　刷　星野精版印刷（株）　製　本　（株）三省堂印刷
編　修　吉田重行・中村直子
装　幀　佐藤　勉　図　版　丸山図芸社

発行所　株式会社市ケ谷出版社
東京都千代田区五番町５
電話　03-3265-3711（代）
FAX　03-3265-4008
http://www.ichigayashuppan.co.jp

　ISBN978-4-87071-123-5

初学者の建築講座　編修委員会

〔編修委員長〕　長澤　　泰（東京大学名誉教授，工学院大学名誉教授）
大野　隆司（東京工芸大学 名誉教授　故人）

〔編修副委員長〕　倉渕　　隆（東京理科大学 教授）

〔編修・執筆委員〕（50音順）

安孫子義彦（株式会社ジエス 顧問）
五十嵐太郎（東北大学 教授）
大塚　貴弘（名城大学 准教授）
大塚　雅之（関東学院大学 教授）
川北　　英（京都建築大学校）
河村　春美（河村建築事務所 代表）
岸野　浩太（夢・建築工房 代表取締役）
橘高　義典（東京都立大学 教授）
小山　明男（明治大学 教授）
坂田　弘安（東京工業大学 教授）
佐藤　　勉（駒沢女子大学教授）
佐藤　考一（金沢工業大学 教授）
杉田　宣生（ハル建築研究所 代表）
鈴木　信弘（神奈川大学 教授）
鈴木　利美（鎌倉女子大学 教授）
鈴木　洋子（鈴木アトリエ 共同主宰）
砂田　武則（鹿島建設）
瀬川　康秀（アーキショップ 代表）
角田　　誠（東京都立大学 教授）
戸高　太郎（京都美術工芸大学 教授）
中澤　明夫（アルマチュール研究所）
中村　成春（大阪工業大学 准教授）
藤田　香織（東京大学 教授）
宮下　真一（東急建設）
元結正次郎（東京工業大学 教授）
山田　俊之（日本工学院専門学校）